Wilfried Peper
Gerhard Bottenberg

Cairn Terrier

Praktische Ratschläge für Haltung, Pflege und Erziehung

4., neubearbeitete Auflage
Mit 58 Abbildungen, davon 44 farbig

Parey Buchverlag Berlin 1997

Parey Buchverlag im
Blackwell Wissenschafts-Verlag
Kurfürstendamm 57, D-10707 Berlin

Das Kapitel „Gesundheit“ wurde von Dr. med. vet. Peter Brehm verfaßt; das Kapitel „Ernährung“ von Dipl. vet. med. Lutz Salomon.

Die Deutsche Bibliothek – CIP-Einheitsaufnahme

Der **Cairn Terrier** : praktische Ratschläge für Haltung, Pflege und Erziehung / Wilfried Peper ; Gerhard Bottenberg. [Das Kap. „Gesundheit“ wurde von Peter Brehm verf., das Kap. „Ernährung“ von Lutz Salomon] – 4., neubearb. Aufl. – Berlin : Parey, 1997
(Dein Hund)
ISBN 3-8263-8453-9

Einbandgestaltung: Rudolf Hübler, Berlin, unter Verwendung einer Abbildung von Regine Zweig, Freren
Satz und Repro: Type-Design, Berlin
Druck und Bindung: Grafos S.A., Arte sobre papel, Barcelona

Gedruckt auf chlorfrei gebleichtem Papier

Printed in Spain • ISBN 3-8263-8453-9

Vorwort

Im angelsächsischen und skandinavischen Raum gehört der Cairn Terrier seit Jahrzehnten zu den beliebtesten Terrierrassen; in der Bundesrepublik Deutschland wie im gesamten deutschsprachigen Raum hat er in den letzten Jahren eine stetig steigende Zahl von Liebhabern gefunden.

So verzeichnet das Zuchtbuch des Klubs für Terrier e. V. bis Ende 1995 für diese Rasse über 12 000 Eintragungen – und mehr als 1700 Cairn Terrier werden mittlerweile in jedem Jahr auf deutschen Ausstellungen gezeigt.

Das deutlich zunehmende Interesse am Cairn Terrier ist nur allzu verständlich, denn diese in Aussehen und Wesen gleichermaßen attraktive und überdies pflegeleichte Terrierrasse vermag sehr für sich einzunehmen.

Einen Cairn Terrier artgerecht zu halten, sollte Aufgabe eines jeden Liebhabers der Rasse sein; ihn unabhängig von allen Modeströmungen standardgerecht zu erhalten und das Zuchtniveau stetig so weit zu verbessern, daß nicht nur Ausstellungshunde, sondern auch schlichte Liebhaberhunde als typische Vertreter ihrer Rasse erkennbar sind, ist vornehmlich in die Hand der Züchter gegeben. Aus diesem Grunde freut es mich besonders, daß ich mit Gerhard Bottenberg einen ebenso engagierten wie erfolgreichen Züchter und Förderer der Rasse als Mitverfasser für dieses Buch gewinnen konnte.

Es soll dazu beitragen, all denen, die sich für einen Cairn Terrier interessieren, sowie denen, die bereits als Liebhaber, Aussteller oder Züchter einen Cairn besitzen, die Informationen vermitteln, die notwendig sind, um die Freunde der Rasse vor Fehlern und die Rasse selbst vor Schaden zu bewahren.

Die nun vorliegende 3. Auflage wurde wiederum kritisch durchgesehen, ergänzt und auf den neuesten Stand gebracht.

Dortmund, im Sommer 1997
Dr. Wilfried Peper

„DER FORMULA QUALITY STANDARD SETZT NEUE MASSTÄBE IN DER HUNDE-ERNÄHRUNG."

(Dr. Ivan Burger, leitender Ernährungswissenschaftler in unserem Waltham® Centre für Heimtierhaltung und -ernährung)

Neue Erkenntnisse in der Hunde-Ernährung fordern neue Maßstäbe: Den **FORMULA QUALITY STANDARD.**

Dieser Standard ist das Resultat eingehender Studien unserer Ernährungswissenschaftler und Tierärzte in **Waltham**®, der Welt-Autorität für Heimtierhaltung und -ernährung.

Der **FORMULA QUALITY STANDARD** verlangt höchste Qualität der Zutaten und gewährleistet eine optimale Verdaulichkeit. Außerdem werden **Protein-Quelle**, Beschaffenheit der Kohlenhydrate, Vitamine und auch Mineralstoffe in der Hunde-Nahrung genau festgelegt, um das Risiko sensibler und allergischer Reaktionen so gering wie möglich zu halten.

Pedigree PAL
ADVANCE FORMULA
FORMULA QUALITY STANDARD

Das Ergebnis: Die **ADVANCE FORMULA Range**. Hunde-Nahrung, die vollständig diesen höchsten Maßstäben entspricht und exakt auf Hunde ausgerichtet wurde, bei deren Ernährung **spezielle Ansprüche** erfüllt werden sollen.

Und welchem Standard entspricht die tägliche Ernährung Ihres Hundes?

Mit unseren Tierärzten entwickelt, von erfolgreichen Züchtern empfohlen.

ADVANCE FORMULA. Im führenden Fachhandel erhältlich. Bezugsquellen nennen wir Ihnen unter: 01 30/12 22 23

Inhalt

Ursprung und Entwicklung der Rasse

Der Cairn Terrier gehört wie seine Vettern – Scottish, Skye und West Highland White Terrier – zu den Nachfahren der alten schottischen Jagdterrier, und er gilt unter den Kennern der schottischen Terrier als die ursprünglichste dieser Rassen. Dies gilt unabhängig davon

- ob man nun mit Tom Horner glaubt, der Cairn Terrier sei „mit an Sicherheit grenzender Wahrscheinlichkeit in seinem Typ dem originären Hochlandterrier am nächsten, der seit undenklichen Zeiten überall in den Highlands und auf den Inseln Westschottlands zu finden war", oder
- ob man den eher überprüfbaren Ausführungen des großen alten Terrierkenners McCandlish traut, der 1935 schrieb, er „möchte behaupten, daß der Cairn im westlichen Küstengebiet Schottlands heimisch war. Der langschädelige Scotch-Typ gehörte in die zentralen Landesteile – und ein kleinerer

Kurzhaarige Skye Terrier im Jahr 1836 („short-coated Skye Terriers")

Typ mit kurzem, aber Scottie-ähnlichem Kopf war in Aberdeenshire und an der Ostküste beheimatet. Ich zweifle daran, daß wir jemals mehr als dieses wissen werden.“

Entstanden ist die Rasse nach heutiger Erkenntnis zweifelsfrei in den westlichen Hochlanden und auf den vorgelagerten Inseln von Schottland, insbesondere Skye, wo die Vorläufer des Cairn als Jagdhunde gebraucht wurden, um das reichlich vorhandene Raubzeug zu bekämpfen und möglichst auszurotten. Eine der frühesten Aufzeichnungen über zur Jagd genutzte Terrier stammt von John Lesley, dem Bischof von Ross, aus dem Jahre 1436. Er beschreibt darin Hunde von niedriger Höhe, die in unterirdische Baue und andere Schlupfwinkel kriechen und dort Füchse, Dachse, Marder und Wildkatzen töten. So ist es verständlich, daß diese Terrier als ständige Begleiter von Wildhütern, Jägern und Förstern zu Anfang nur als Jagdhunde bekannt waren.

Leider haben diese Leute keine Aufzeichnungen hinterlassen, die es ermöglichen würden, präzise rassegeschichtliche Aussagen zu treffen. Ihr Augenmerk war vielmehr darauf ge-

Der short-coated Skye Terrier des Duke of Buccleuch (1799)

Ein gelungenes Porträt aus den 20er Jahren unseres Jahrhunderts

richtet, einen furchtlosen, schnellen, scharfen Terrier zu züchten, dessen Aufgabe es war, den Fuchs und sonstiges Raubzeug zu töten.

In den üblichen Abhandlungen Ende des 18. beziehungsweise Anfang des 19. Jahrhunderts werden diese Terrier als lang im Rücken, mit kurzen Läufen und fuchsigem Ausdruck beschrieben. Ihr Haarkleid war entweder rauh- oder drahthaarig. Während ihr Durchschnittsgewicht ziemlich einheitlich bei 11 bis 12 pounds (5 bis 5,5 Kilogramm) lag, variierten sie sehr stark in der Farbe. Tom Horner merkt dazu an: „Es scheint, daß bestimmte Familien bestimmte Farben bevorzugten. So zogen die Macdonalds aus Waternish dunkelgraue und gestromte vor, die Macleods aus Drynoch bevorzugten silbergraue, während die Macinnons aus Kilbride alle Schattierungen hielten." All diese Hunde wurden als furchtlos und scharf auf Raubzeug, jedoch als fröhlich und freundlich in ihrem Verhältnis zum Menschen beschrieben.

Bis zum Jahre 1870 gab es über diese Jagdterrier keine im Einzelfall verwertbaren Aufzeichnungen; immerhin dauerte es noch bis zum Jahre 1874, ehe das erste Zuchtbuch des Kennel Clubs erschien. Im Jahre 1870, also zur Blütezeit des Jahrhunderts der Kynologie, beginnt mit der Gründung eines Terrierzwingers durch den heute fast vergessenen Dr. Van Best die einigermaßen nachvollziehbare Geschichte der schottischen Terrier. Van Best erweckte großes öffentliches Interesse an diesen Hunden, was später dazu führte, daß man in ganz Schottland nach dem ursprünglichen schottischen Terrier suchte. Da diese Suche ohne Erfolg blieb, spricht im übrigen vieles dafür, daß McCandlish – und nicht Tom Horner – mit seiner Auffassung richtig liegt. Über die Suche nach dem „ursprünglichen" schottischen Terrier kam Dr. Van Best immerhin auf den alten Jagdterrierschlag, dessen Nachfahren wir jetzt Cairn nennen.

Er war so begeistert von der Furchtlosigkeit und Courage dieser Hunde, daß er sich entschloß, sie als Rasse zu züchten. Diese alte Jagdterrierrasse hatte keinen Namen, da aber viele dieser Hunde auf der Insel Skye vorkamen, entschloß sich Van Best sie „kurzhaarige Skyes" (Shortcoated Skyes) zu nennen.

Selbst als Cairn, Scottish, West Highland White und Skye Terrier bereits als selbständige Rassen anerkannt waren, wurden sie noch längere Zeit miteinander gekreuzt. Angesichts der verbreiteten Meutehaltung, die lediglich unter Leistungsgesichtspunkten, also nicht unter dem Gesichtspunkt der phänotypischen Einheitlichkeit erfolgte, und angesichts der zahlreichen Gemeinsamkeiten insbesondere von West

Baroness Burton mit Ch. Dochfour Vulach Vorchard und Dochfour Brigand

Highland White Terrier und Cairn, kann dies auch nicht verwundern.

So ist es denn kein Wunder, daß der Vater des ersten männlichen Cairnchampions „Gesto“ der West Highland White Terrier „Sgithanach Blan“ war. Erst 1924 verbot der Kennel Club, dem Beispiel des American Kennel Club folgend, die Kreuzung von Cairn und West Highland White Terriern auch in England. Trotzdem fallen selbst heute noch Cairnterrierwelpen mit weißen Abzeichen – ein Problem, mit dem Cairn-Züchter dank der rezessiven Vererbung dieses Merkmals noch einige Zeit werden leben müssen.

Doch noch einmal zurück zur rassegeschichtlichen Entwicklung im letzten Jahrhundert. Der Brief eines gewissen Mr. A. Macdonald, geschrieben Anfang 1910, ist hier höchst interessant. Mr. Macdonald schrieb „... als Züchter des ursprünglichen Kurzhaarskyeterriers, der in unserer Familie, soviel ich weiß, über 80 Jahre ausschließlich zu jagdlichen Zwecken gehalten wurde. Diese Terrier wurden ausschließlich auf ihre jagdliche Eignung hin gezüchtet, ohne Rücksicht auf ihr Äußeres. Mein Onkel, Captain Macdonald aus Waternish, geboren in Skye 1823, hat sich sehr mit der Geschichte der Terrier befaßt. Er wußte mehr über die Terrier der Insel Skye als irgendein anderer. Er vertrat die Ansicht, daß der Kurzhaarskyeterrier der einzig reine und wirkliche Skye Terrier ist und daß Hunde des langhaarigen Typs von einem Malteser und französischen Pudel abstammen, die sich aus einem Schiff, das an der Westküste von Skye gestrandet war, retten konnten ... Meiner Meinung nach müßten alle heutigen schottischen Terrier als Kurzhaarskyeterrier bezeichnet werden, da alle direkt von diesen abstammen, obwohl sie heute von ganz verschiedenem Typ sind. In den Sechzigern oder frühen Siebzigern (1860–1870) wurde Capt. Macdonald darum gebeten, einige seiner Terrier auf einer Hundeschau in Inverness auszustellen. Er folgte der Einladung, war aber dann so darüber enttäuscht, daß der Richter den Preis einem langhaarigen Skye verlieh (er selbst bezeichnete diesen als weiße Waschbürste), daß er sich in Zukunft weigerte, seine Terrier auszustellen. Einer seiner Waternish Terrier, die er in Inverness ausstellte, war wohl einer der besten Jagdhunde ..."

Trotz der schmerzlichen Schlappe, die Captain Macdonald in Inverness mit seinen als überragende Otterjäger bekannten Kurzhaarskyes erlebte, erfolgte in dieser Stadt im Jahre 1909 der entscheidende Schritt zur Etablierung der Rasse.

Zu dieser Zeit war der Name von Mrs. Alastair Campbell praktisch gleichbedeutend mit dem des heutigen Cairn Terriers. Ihre Mutter, Lady Monro, hatte über viele Jahre hinweg Kurzhaarskyes gehalten, und Mrs. Campbell führte diese Tradition fort. Dabei blieb es jedoch nicht. Sie widmete sich dieser Rasse immer mehr und gründete schließlich ihren „Brocaire"-Zwinger mit einer Zuchtbasis

Eine muntere Truppe

von Terriern aus dem schottischen Hochland. Auf der Inverness-Schau im Jahre 1909 war eine Klasse für die Kurzhaarskyes vorgesehen. Richter war der als Kynologe geachtete und bekannte Mr. Theo Marples, der Herausgeber von „Our Dogs“, einer wöchentlich erscheinenden Hundezeitschrift, die bis zum heutigen Tag existiert.

Den ersten Platz konnte Mrs. Macdonald aus Portree auf der Insel Skye mit „Fassie“ erringen. Alle anderen Preise wurden von Mrs. Campbell mit „MacLeod of MacLeod“, „Doran Bhan“ und „Roy Mohr“ gewonnen.

Auf dieser Ausstellung kamen sich die anwesenden Züchter näher, und schließlich entschlossen sie sich, einen Club zu gründen, um die Interessen ihrer Rasse stärker zu fördern. Mr. Macdonald aus Waternish wurde zum ersten Präsidenten gewählt und Mrs. Alastair Campbell zur Geschäftsführerin. Das Ziel des Clubs zur damaligen Zeit war, die Zucht des alten Jagdterriers der Insel Skye und des schottischen Hochlandes zu fördern.

Die Beibehaltung der Rassebezeichnung „Kurzhaarskye“ stieß jedoch auf erbitterten Widerstand der Skye Terrier-Züchter. Diese akzeptierten zwar, daß sowohl der Skye als auch der „Kurzhaarskye“ ihren Ursprung auf der Insel Skye und dem gegenüberliegenden schottischen Hochland hatten, fürchteten aber auf der anderen Seite, und das

Bruder und Schwester – trotz unterschiedlicher Farbe

Entdeckungsdrang zeichnet den Cairn Terrier aus

wohl zu Recht, die ständigen Verwechslungen.

Daher einigte man sich nach vielen heftigen Diskussionen schließlich im Jahre 1910 darauf, den Kurzhaarskye künftig als „Cairn Terrier“ zu bezeichnen.

Eine überaus gelungene Namensgebung! Mit Recht stellt Wiebke Steen dazu fest: „Cairn ist das gälische Wort für Steinhaufen. Seine Heimat ist sehr steinig und felsig. Steinfarben ist sein Haarkleid, von schwärzlichem Grau über Rottöne bis zur Sandfarbe. Die britische Gewichtseinheit „stone“ (Stein) beträgt 14 englische Pfund. Dieses Gewicht [schrieb] der Standard für die Rasse vor. Konnte es also für diese Rasse einen passenderen Namen geben?“

Anläßlich eines Treffens, das im Oktober 1911 in Edinburgh im Anschluß an die schottische Kennelclub Show stattfand, wurde der Originalstandard aufgezeichnet.

Die offizielle Anerkennung der Rasse erfolgte ein Jahr später, als der Kennel Club 1912 die Vergabe von Championatsanwartschaften für Cairn Terrier gewährte.

Der „Harris“-Zwinger von Lady Sophie Scott hatte dann im Jahre 1913 die Ehre, mit „Tibbie of Harris“ den ersten Cairn Terrier Champion, eine Hündin, sein eigen zu nennen. Nur kurz danach wurde Mrs. Campbells „Gesto“ der erste männliche Cairnchampion.

Im Jahre 1914 wurden zwei Zwinger gegründet, die ebenfalls einen bedeutenden Einfluß auf die Cairnterrierzucht haben sollten, nämlich der „Dochfour“-Zwinger von Baroness Burton und der Zwinger „Out of the West“ von Mrs. Fleming. Selbst während des Ersten Weltkrieges nahm die Zuchtentwicklung weiteren Aufschwung. 1919 kam dann ein Hund zur Welt, dessen Einfluß auf die Rasse zur Legende geworden ist: „Harvieston Raider“.

In der Folgezeit gelangten noch weitere Zwinger zu großem Ansehen; es waren „Hyver“, „Trashurst“ und „Twobees“. Aus Hunden der beiden letztgenannten Zwinger wurde 1933 ein weiterer bedeutender Vererber gezüchtet: „Splinters of Twobees“ (V.: Trashurst Chip, M.: Sorag of Twobees).

Zu den bedeutenden Zwingern der Nachkriegszeit zählten und zählen im Mutterland der Rasse „Blencathra“, „Redletter“, „Toptwig“, „Lofthouse“, „Merrymeet“, „Thistleclose“, „Felshott“, „Rossarden“, „Avenelhouse“ und „Uniquecottage“, um nur einige der wichtigsten zu nennen.

Charakter und Eigenschaften der Rasse

Zahlreiche der vom Standard geforderten körperlichen Merkmale des Cairn Terriers sind nur aus seiner jahrzehntelangen Verwendung als Arbeitsterrier zu verstehen. Gleiches gilt für seine Wesensmerkmale.

Indessen – heute bilden „arbeitende“ Cairn Terrier die große Ausnahme. Die Rasse hat die Wandlung vom schneidigen Jagdhund zum Begleit- und Familienhund unproblematisch vollzogen. Da der Cairn Terrier nach Größe und Gewicht nicht zu den großen Hunderassen zählt, kann er sowohl in einer Etagenwohnung als auch in einem Haus mit Garten, auf dem Lande oder in der Stadt gehalten werden, sofern ihm nur genügend Auslauf zur Verfügung steht. Auf Reisen, sei es mit Auto, Bahn oder Segelboot, ist er ein angenehmer Begleiter.

Capt. Allan Macdonald mit seiner Meute von Skye Terriern und einem erlegten Otter

Hellwach, munter und immer zu Aktionen aufgelegt – so präsentiert sich der Cairn Terrier auf der historischen Postkarte (oben) wie auf dem Foto von heute (unten)

Vixen, die berühmte Hündin des Malers E. Landseer – eine gemeinsame Vorläuferin von West Highland White und Cairn Terrier (1824)

Trotz eines gewissen Hanges zur Selbständigkeit ist er auf der anderen Seite sehr anhänglich und treu. Ein Cairn Terrier ist jederzeit bereit, seine Familie und deren Heim mit unglaublichem Mut zu verteidigen. Der Cairn ist kein Kläffer, er darf es auch nicht sein, denn als Terrier zählt er zu den nicht laut jagenden Rassen; ungewöhnliche Umstände wird er jedoch durch ein scharfes, drohendes Bellen anzeigen. Er ist nicht nur wachsam, sondern auch heute noch, seinem ursprünglichen Verwendungszweck entsprechend, in der Lage, Ratten und andere Nager zu vernichten.

Seine Intelligenz, gepaart mit Unerschrockenheit und Beweglichkeit, macht es auch heute noch möglich, ihn mit Erfolg jagdlich zu führen. Aufgrund seines ursprünglichen Einsatzes als Meutehund ist der Cairn, wie die meisten der anderen Terrierrassen auch, kein Raufer; einmal angegriffen, versteht er es jedoch, sich erfolgreich zu verteidigen.

Cairn Terrier sind ausgesprochen kinderfreundliche Hunde. Nichts macht ihnen mehr Spaß als eine kleine Balgerei; sie sind jederzeit bereit, sich an einem Fußballspiel oder anderen wilden Aktionen zu beteiligen.

Auf der anderen Seite fühlen sie sich auch zu sanftmütigeren Zweibeinern hingezogen – Cairn Terrier können nämlich auch sanfte Schmuser sein. Außerdem lieben sie das Wasser – wenigstens die meisten.

So gut der Cairn in eine aktive, lebenslustige Familie mit Kindern jeden Alters paßt, die er auf Schritt und Tritt begleitet, wobei selbst Waldläufe für einen ausgewachsenen Cairn kein Problem sind, so sehr ist er auch für ältere Menschen ein verständnisvoller Weggefährte.

Obwohl ein ausgesprochenes Temperamentsbündel beim Spiel und bei Spaziergängen, verbreitet er niemals Hektik oder Nervosität. Am Ende eines ausgefüllten Tages rollt er sich glücklich und zufrieden in „seiner“ Ecke oder zu den Füßen eines besonders geschätzten Familienmitgliedes ein.

Der Cairn Terrier ist eine robuste und gesunde Hunderasse. Er ist pflegeleicht und kann bei artgerechter Haltung sehr alt werden.

Angesichts der zunehmenden Beliebtheit der Rasse bleibt für die Zukunft zu hoffen, daß es verantwortungsvollen Züchtern gelingt, das Wesen dieses kleinen Hundes mit dem großen Herzen so zu erhalten, daß seine Liebhaber sagen können: „Einmal ein Cairn, immer ein Cairn“.

Der Rassestandard des Cairn Terriers

Einführung

Rassestandards sind die möglichst eindeutige und umfassende Beschreibung der Körper- und Wesensmerkmale, die das vollkommene Rassetier aufweisen muß. Nach den Bestimmungen der Fédération Cynologique Internationale (FCI), der internationalen Dachorganisation des anerkannten Hundewesens, werden die Rassestandards vom Ursprungsland der Rasse festgelegt.

Das Ursprungsland der Rasse im Sinne der FCI ist Großbritannien; der gültige Rassestandard des Cairn Terriers ist der des Kennel Clubs. Er schreibt als FCI-Standard Nr. 4 in seiner gültig hinterlegten deutschen Fassung von 1989 (Übersetzung Elke Peper) folgendes vor:

Rassestandard

Allgemeines Erscheinungsbild. Flink, aufmerksam, arbeitsfreudig und urwüchsig in seinem Erscheinungsbild.

Auf den Vorderpfoten gut nach vorn stehend. Vor- und Hinterhand kraftvoll, tiefer Brustkorb, sehr freier Bewegungsablauf, wetterfestes Haarkleid.

Charakteristika. Er soll einen aktiven, mutigen und robusten Eindruck machen.

Wesen. Furchtlos und fröhlich, sehr selbstsicher, jedoch nicht aggressiv.

Kopf und Schädel. Kleiner, jedoch im richtigen Verhältnis zum Körper stehender Kopf.

Breiter Schädel mit einer deutlichen Einsenkung zwischen den Augen und ausgeprägtem Stop. Kraftvoller Fang, Kiefer stark, aber nicht lang oder schwer. Schwarze Nase. Kopf gut behaart.

Augen. Weit voneinander angeordnet, mittelgroß, dunkel haselnußbraun, etwas tief liegend und mit struppigen Augenbrauen.

Ohren. Klein, spitz, aufrecht stehend und gut getragen, weder zu eng stehend noch zu stark behaart.

Fang/Gebiß. Große Zähne. Kräftiger Kiefer mit einem perfekten, regelmäßigen und vollständigen Scherengebiß, wobei die obere Schneidezahnreihe ohne Zwischenraum über die untere greift und die Zähne senkrecht im Kiefer stehen.

Hals. Gut aufgesetzt, nicht zu kurz.

Vorhand. Schräg gelagerte Schultern. Läufe von mittlerer Länge, kräftige, aber nicht zu schwere Knochen. Vorderläufe keinesfalls in den Ellen-

Ch. Redletter McBryan, der als überragender Vererber die Rasse nachhaltig prägte

bogen ausdrehend. Läufe gut mit harschem Haar bedeckt.

Körper. Gerader Rücken von mittlerer Länge. Gut gewölbte, weit zurückreichende Rippen; kräftige, geschmeidige Lendenpartie.

Hinterhand. Sehr kräftige, muskulöse Hinterhand. Gut, aber nicht übertrieben gewinkelte Kniegelenke. Tiefstehende Sprunggelenke, die, von hinten betrachtet, weder ein- noch auswärts gedreht werden.

Pfoten. Die Vorderpfoten, die größer als die Hinterpfoten sind, dürfen geringfügig nach außen gedreht werden. Dicke, kräftige Ballen. Dünne, schmale oder gespreizte Pfoten sind zu beanstanden.

Rute. Kurz, zum Körper passend; gut behaart, aber nicht befedert. Weder zu hoch noch zu niedrig angesetzt. Fröhlich, aber nicht über den Rücken gezogen getragen.

Gangart/Bewegung. Sehr freie, fließende und raumgreifende Bewegung. Die Vorderläufe greifen weit aus, die Hinterhand erzeugt einen kräftigen Schub. Sprunggelenke dabei weder zu eng zueinander noch zu weit voneinander stehend.

Haarkleid. Von großer Bedeutung, wetterfest. Unerläßlich ist ein doppeltes Haarkleid mit üppigem, harschem, aber nicht drahtigem Deckhaar; Unterwolle kurz, weich und dicht. Offenes Haarkleid ist zu beanstanden. Eine leichte Wellung ist gestattet.

Farbe. Cremefarben, weizenfarben, rot, grau oder fast schwarz. Bei all diesen Farben ist eine Stromung zulässig. Reines Schwarz, Weiß oder Black and tan sind nicht erlaubt. Dunkle Abzeichen an Ohren und Fang sind sehr typisch.

Größe/Gewicht. Widerristhöhe ca. 28 bis 31 cm, dabei immer im richtigen Verhältnis zum Gewicht; dieses beträgt idealerweise 6 bis 7,5 kg.

Fehler. Jede Abweichung von den vorgenannten Punkten sollte als Fehler angesehen werden, dessen Bewertung im genauen Verhältnis zum Grad der Abweichung stehen sollte.

Anmerkung. Rüden sollten zwei offensichtlich normal entwickelte Hoden aufweisen, die sich vollständig im Skrotum befinden.

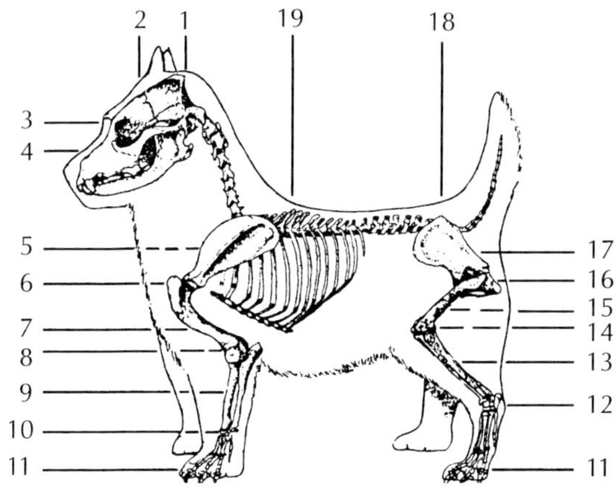

1 Hinterhauptbein
2 Oberkopf
3 Stop (Stirnabsatz)
4 Vorgesicht
5 Schulter
6 Buggelenk
7 Oberarm
8 Ellenbogengelenk
9 Unterarm
10 Vorderfußwurzelgelenk
11 Pfoten
12 Sprunggelenk
13 Unterschenkel
14 Kniegelenk
15 Oberschenkel
16 Hüftgelenk
17 Becken
18 Kruppe
19 Widerrist

Gebäude

Interpretation des Rassestandards

Einführung

Mit der Beschreibung der Merkmale, die ein vollkommener Rassehund aufweisen muß, setzt der Rassestandard gleichzeitig auch Normen, die für Züchter und Richter verbindlich sind – er ist damit Maßstab und Leitlinie für Zucht und Bewertung. Je präziser und umfassender die Beschreibung der Körper- und Wesensmerkmale eines Hundes ist, desto klarer sind demnach auch die Vorschriften und eindeutiger die Maßstäbe, an die sich Züchter und Richter halten müssen und können.

Der Standard des Cairn Terriers wurde im Laufe der Jahrzehnte mehrfach geändert, wobei die letzten Änderungen inhaltlicher und redaktioneller Art vor allem die Standardvorschriften verständlicher und präziser fassen sollten und nicht etwa darauf abzielten, gänzlich neue Maßstäbe für Wesen und äußeres Erscheinungsbild zu setzen. Dies kann auch nicht verwundern, denn ernsthafte Auseinandersetzungen über den anzustrebenden Idealtyp der Rasse hat es in Europa praktisch nicht gegeben – und der in zwei wesentlichen Punkten vom FCI-Standard abweichende Standard des American Kennel Club (AKC) ist für uns Europäer nie von Belang gewesen.

Selbst wenn der Cairn-Standard auch in seiner neuesten Fassung nicht die systematischen Eigentümlichkeiten aufwiese, die er nun einmal enthält, so wäre er doch, wie jeder andere Normenkatalog auch, in mehrfacher Hinsicht erläuterungsbedürftig:

1. Rassestandards sind in der Regel von Fachleuten (Züchtern und/oder Richtern) für Fachleute (Züchter oder Richter) in einer nicht immer gemeinverständlichen Fachsprache geschrieben. Dies erfordert eine generelle Erläuterung aller Standardvorschriften über Körper- und Wesensmerkmale einschließlich auftretender Fehler.
2. Die Merkmale, die nicht oder nicht eindeutig festgelegt sind, müssen unter Berücksichtigung aller kynologisch beachtlichen Umstände bestimmt werden.
3. Die Gewichtung der einzelnen Merkmale und der auftretenden Fehler ist zu erläutern.

Die allgemeine Erscheinung

des Cairn Terriers wird im gültigen Rassestandard, unter besonderer Betonung des Wesens und des Gangwerks des Hundes, mit erfreulicher Klarheit als die eines kräftigen, unerschrockenen, fröhlichen und aktiven Terriers beschrieben, der sich in all seinen Attributen als hervorragender Arbeitsterrier darstellt; Wesen, körperliche Gesamterscheinung und Bewegungsablauf des Cairn Terriers vereinen sich dabei zu einem harmonischen Gesamteindruck.

Welche Bedeutung den geforderten Wesensmerkmalen zukommt, ergibt sich daraus, daß sie für einen jagdtauglichen, auch in der Meute einsetzbaren Hund unerläßlich sind. Um diese Merkmale im Ausstellungsring zu verkörpern, muß ein Cairn sich aufmerksam, frei, fröhlich und furchtlos präsentieren. Eine angstvoll eingekniffene Rute, irritiert gestellte Ohren, scheues Zurückweichen und eine verkrampfte Haltung sind als Ausdruck von Furchtsamkeit ebenso negativ zu bewerten wie aggressives Kläffen, Zerren und Schnappen als Zeichen völlig untypischer Rauflust; auch ein traniges, gleichsam apathisches Herumstehen im Ring ist nicht gerade Ausdruck besten Cairn-Terrier-Wesens. Aller-

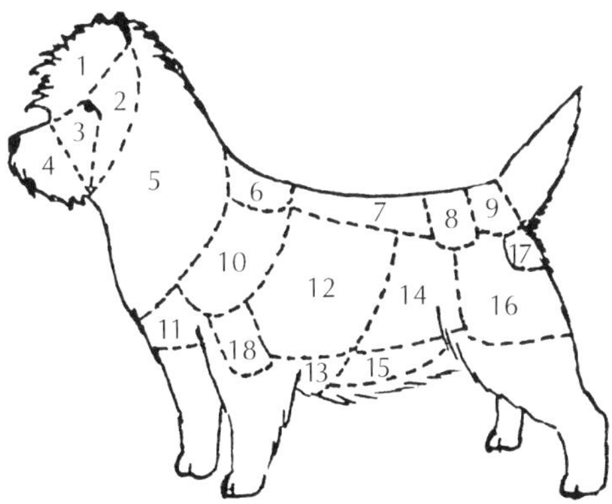

1 Oberkopf
2 Wangenpartie
3 Augenregion
4 Vorgesicht
5 Hals
6 Widerrist
7 Rücken
8 Lende (Nierenpartie)
9 Kruppe
10 Schulter
11 Vorbrust
12 Seitliche Brust
13 Untere Brust
14 Flanke
15 Bauch
16 Oberschenkel
17 Sitzbeinhöcker
18 Oberarm

Körper

dings ist auch nicht jedes Verhalten im Ring, das vom erwünschten abweicht, ein Zeichen von Wesensschwäche: Mancher Cairn Terrier dokumentiert sein Selbstbewußtsein im Ring dadurch, daß er deutlich zu erkennen gibt, wie sehr ihm das Ausgestelltwerden mißfällt, und mancher Cairn wurde einfach dazu erzogen, im Ring unbeteiligte Gelassenheit zur Schau zu stellen.

Entscheidend für den Gesamteindruck, den ein Cairn Terrier im Ring hinterläßt, ist auch das

Gangwerk. Ein Cairn Terrier,

- der nicht zu niedrig auf den Läufen steht, ohne jedoch den Eindruck eines Hochläufers zu vermitteln,
- der über gerade Vorderläufe und eine gut gewinkelte Vorderhand mit gut gelagerten Schulterblättern verfügt, und
- der eine korrekt gewinkelte Hinterhand besitzt, deren Sprunggelenke relativ tief gelagert sein sollen,

bringt die notwendigen anatomischen Voraussetzungen für eine einwandfreie Bewegung mit. Diese muß sehr frei, fließend und raumgreifend sein, wobei die Vorderhand weit nach vorne ausgreift, während die Hinterhand den Körper mit kräftigem Schub vorwärts treibt.

Wichtig ist, daß die flotte Vorwärtsbewegung des Cairns bei festem und geradem Rücken erfolgt. Steife, stelzige, wie ein Trippeln wirkende Bewegungen sind fehlerhaft, insbesondere, wenn sie mit schwankendem Rücken durchgeführt werden.

Zur ausgewogenen Gesamterscheinung gehört außerdem, daß Rüden maskulin und Hündinnen feminin wirken. Das maskuline oder feminine Erscheinungsbild hängt dabei indessen weniger von der Größe als vielmehr von der Gesamtkonstitution des Hundes ab.

Es gibt durchaus großrahmige, aber dennoch sehr feminine und andererseits kleinere, aber eher maskulin wirkende Hündinnen. Entsprechendes gilt für Rüden, die überdies, dem Grundsatz der körperlichen Vollständigkeit entsprechend, zwei deutlich in den Hodensack eingelassene, normale Hoden aufweisen müssen.

Der Kopf

des Cairn Terriers ist zwar für den Kenner der Rasse ausreichend im Standard beschrieben, für Unvorbelastete sind jedoch einige Erklärungen notwendig. Wichtig für die korrekte Kopfform ist die Ausgeglichenheit von Oberkopf und Vorgesicht, wobei Vorgesicht und Oberkopf zusammen nicht den Eindruck eines langen Schottenschädels vermitteln dürfen.

Das Vorgesicht ist nur wenig kürzer als der Oberkopf, der selbst relativ kurz und zwischen den Ohren breit sein muß. Der ausgeprägte

Stirnabsatz (Stop) mit einer deutlichen Einsenkung zwischen den Augen prägt das typische Bild des Cairn-Kopfs. Der Stop hat zudem die Aufgabe, die Augen des Hundes vor Verletzungen insbesondere bei der Jagd zu schützen. Die Nase muß kräftig schwarz pigmentiert sein.

Bis zur Änderung des Standards im November 1982 wurde ein Hauptmerkmal des Cairns als „foxy appearance" (fuchsartige Erscheinung) bezeichnet. Dieser im Standard erwähnte Ausdruck hat zu vielen Mißverständnissen und Meinungsverschiedenheiten geführt.

So meint Col. Whitehead, daß sich dieses Merkmal nicht auf die Kopfform, sondern mehr auf sein Auftreten, nämlich schlau und listig wie ein Fuchs, bezieht. Auch Rev. Caspersz will das Fuchsartige mehr allgemein verstanden wissen, ohne es auf ein bestimmtes Körperteil des Cairns zu beziehen.

Alex Fisher dagegen lehnt den Ausdruck „foxy appearance" als Beschreibung für den Cairn Terrier ka-

Die Steinfarbe des Cairn Terriers, von der er seinen Namen hat („cairn" ist im Gälischen das Wort für „Stein"), wird deutlich in dieser gelungenen Fotostudie

tegorisch ab, „denn weder in den Proportionen und Außenlinien noch in den Wesensmerkmalen ist der Cairn mit dem Fuchs zu vergleichen. Im Gegensatz zur Furchtlosigkeit und Fröhlichkeit des Cairns ist der Fuchs verstohlen und listig."

Einige der erfahrensten Züchter und Richter der 20er Jahre bezeichneten den Cairn als „katzenköpfig". Wenn man den Schädel eines Cairns mit dem einer Wildkatze vergleicht, so haben beide starke Kiefer, kräftige Zähne und ein kurzes Vorgesicht, sicherlich wünschenswerte Merkmale für einen typischen Cairn-Kopf im Vergleich zu den langen, schmalen Terrierköpfen der hochläufigen Rassen. Auch wenn sich die Schädel gleichen, so ähnelt der Kopf des Cairns mit seiner Behaarung, Ohrenstellung und vor allem mit seinem Ausdruck weder dem einer Katze noch dem eines Fuchses. Rev. Caspersz geht sogar soweit, daß er jeden Vergleich zwischen Cairn- und Katzenkopf als lächerlich ablehnt.

Völlig untypisch sind demnach jedenfalls lange Vorgesichter und insgesamt lange Köpfe; lange, schlanke (Schotten-)Köpfe mit zu geringem Stop sind nachhaltig zu bestrafen. Gleiches gilt für das entgegengesetzte Extrem, den runden, apfelförmigen Oberkopf mit zu kurzem Fang. Dieser Toy-Typ, der außerdem zu Augen- und Gebißfehlern neigt, ist mit den an einen Arbeitsterrier zu stellenden Anforderungen absolut unvereinbar. Nur selten weist die Nase eines Cairn Terriers nicht das gewünschte kräftige, schwarze Pigment auf. Sofern es sich lediglich um „Wechselnasen" handelt, hält sich das Problem allerdings noch in Grenzen.

Als Wechselnase wird der zeitweilige, üblicherweise auf die sonnenarmen Wintermonate beschränkte Pigmentverlust des Nasenspiegels bezeichnet. Ausstellern ist anzuraten, ihren mit einer Wechselnase behafteten Cairn erst dann auszustellen, wenn die bräunliche oder hell-anthrazit leuchtende Nase durch hinreichende UV-Strahlung wieder schwarz geworden ist. Bei manchen Hündinnen ist das Auftreten von Schwankungen des Nasenpigments hormonell bedingt und entsprechend schwieriger zu behandeln. Wer einen Cairn Terrier mit offenbarer Wechselnase ausstellt, muß Abstriche in der Formwertnote in Kauf nehmen. Manipulationen wie Färben der Nase werden als Täuschungshandlungen geahndet. Dauerhaft fleischfarbene Nasen sind als schwerwiegende Fehler zu bestrafen.

Die Augen

des Cairn Terriers sind von entscheidender Bedeutung für seinen Ausdruck. Der furchtlose und selbstbewußte Blick des Hundes kommt nur zustande, wenn Augen von richtiger

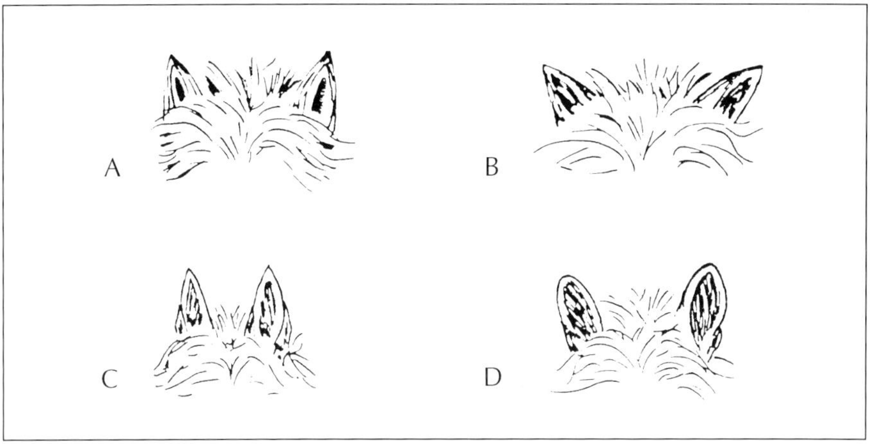

Ohren
A Korrekt, B Eselsohren, C Scottish-Ohren, D Fledermausohren

Größe, Form und Farbe möglichst weit auseinanderstehend, unter buschigen Augenbrauen ziemlich tief in ihren Augenhöhlen ruhen.
Ein korrektes Auge ist
- von mittlerer Größe, nicht zu voll und keinesfalls vorstehend
- nicht rund, sondern eher mandelförmig
- von dunkel-haselnußbrauner Farbe, wobei helle, insbesondere bernsteinfarbene Augen grob fehlerhaft sind.

Zu große, rund oder gar vorstehende Augen ergeben einen sanften Ausdruck, zu kleine einen eher verkniffenen. Helle Augen treten gelegentlich auf, während kleine dunkle Knopfaugen mit engen Lidspalten relativ selten sind.

Die Ohren

insbesondere ihre Form und Stellung, tragen ebenfalls nachhaltig dazu bei, den korrekten Ausdruck eines Cairn Terriers zu bewirken; außerdem sagt die Art, wie der Hund sein Ohr trägt, einiges über seinen Charakter und sehr viel über seine Stimmung aus.

Die Ohren des Cairn Terriers sollen klein und spitz zulaufend weder zu eng auf dem Schädel noch seitlich am Schädel angesetzt sein. Schwerwiegende Fehler sind sehr große Ohren, runde Ohrspitzen (Fledermausohren) und nicht sicher stehende oder gar gekippte Ohren.

Bei korrekt auf dem Kopf angesetzten, aufmerksam getragenen Ohren läßt sich eine gerade Linie von der Nasenspitze aus durch die Augenmitte bis hin zu den Ohrspitzen ziehen. Aufmerksam getragene Ohren führen außerdem zu einer optischen Verkürzung des Schädels und damit zu einer Verbesserung der Kopfproportionen; ängstlich nach hinten gelegte Ohren lassen den Kopf eher lang erscheinen.

Die berüchtigten „Eselsohren“ sind eine Kombination aus zu großen und seitlich am Kopf angesetzten Ohren, die den erwünschten Ausdruck des Hundes empfindlich stören. Ebensowenig sind die sogenannten Schotten-Ohren erwünscht, das heißt Ohren, die eng stehen, schmal und relativ lang sind. Schließlich ist anzumerken, daß die Ohrspitzen durch Zupfen von zu langem Haarwuchs befreit werden.

Gebiß

Die Anforderungen an das Gebiß des Cairn Terriers sind, wenn man bedenkt, daß es sich um einen englischen Standard handelt, durchaus beachtlich.

Die in kräftige Kiefer eingebetteten Zähne des Cairn Terriers sollen groß und damit als Werkzeug eines Arbeitsterriers deutlich erkennbar sein. Zwingend gefordert sind je sechs regelmäßige – das heißt in einem gleichmäßigen Bogen, also nicht etwa versetzt, angeordnete sowie annähernd gleichgroße – Schneidezähne (Incisivi) in Ober- und Unterkiefer, wobei der Kieferbogen zwischen den Fangzähnen (Canini) möglichst nicht schmal sein sollte. Nach der heute gültigen Fassung des Rassestandards ist nur noch ein scharfer Scherenschluß der Schneidezahnreihen zulässig, wobei die Schneidezähne rechtwinklig – also nicht etwa schräg – zum Kiefer stehen sollen. Nach dem alten Standard (bis 1982) war im übrigen ein gleichmäßiger Zangenschluß durchaus zulässig, denn lediglich Vor- und Rückbiß galten als Fehler.

Unerwünscht sind also kleine Zähne; fehlerhaft sind Vor- und Rückbiß, Zangenschluß, Schneidezahnverluste sowie ein offener Biß, bei dem einige – in der Regel die mittleren – Schneidezähne infolge Untergröße oder völlig unregelmäßiger Stellung nicht korrekt zum Schluß kommen. Regelmäßiger Zangenschluß wird indessen nicht als zuchtausschließender Fehler bestraft.

Ein Vorbiß hingegen ist immer als zuchtausschließender Fehler zu bewerten. Dies gilt auch dann, wenn eine sorgfältige Prüfung von Zahn- und Kieferstellung die Vermutung nahelegt, der Vorbiß könnte das Ergebnis eines Aufzuchtfehlers sein, weil die Kieferstellung durchaus korrekt erscheint.

Es gehört zu den liebenswerten Unvollkommenheiten englischer Ras-

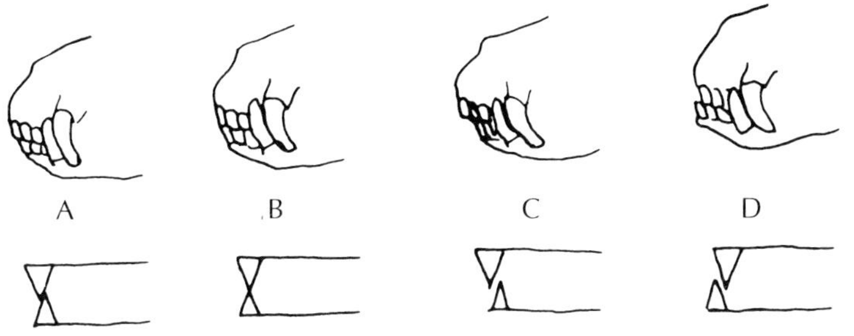

A = Scherengebiß B = Zangengebiß C = Rückbiß D = Vorbiß

I = Incisivi = Schneidezähne

C = Canini = Fangzähne

P = Praemolaren = Vordere Backenzähne

M = Molaren = Hintere Backenzähne

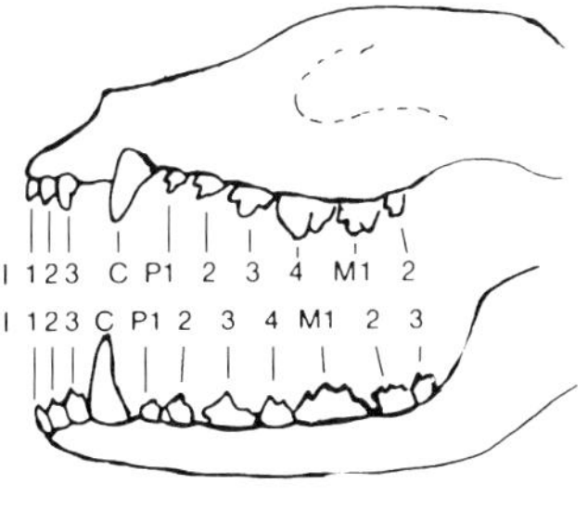

	Oberkiefer	Unterkiefer	Dauergebiß
Incisivi	6	6	12
Canini	2	2	4
Praemolaren	8	8	16
Molaren	4	6	10
	20	22	42

Gebiß

sestandards, sich über die Prämolaren (vordere Backenzähne) und Molaren (hintere Backenzähne) sowie über die Zahnzahl eines noch als korrekt anzusehenden Gebisses auszuschweigen – die Formulierung „komplettes Scherengebiß" wird nämlich in Großbritannien ausschließlich auf die Vollständigkeit der Schneidezähne bezogen! Damit ist indessen noch keineswegs gesagt, daß bei den betreffenden Rassen international verbindlich auch alle Prämolaren und Molaren fehlen dürfen.

Die englische Unart, gegenüber Gebißfragen, insbesondere was die Vollständigkeit anbetrifft, eine zuweilen schon unverantwortliche „Großzügigkeit" an den Tag zu legen, gibt im Bereich der FCI indessen noch niemandem die sachliche Berechtigung zu behaupten, der Standard des Mutterlandes erlaube das Fehlen aller nicht ausdrücklich genannten Zähne. Solange das standardführende Land einer Rasse nicht den Mut besitzt, in dem bei der FCI hinterlegten Standard unmißverständlich festzulegen, daß alle im Standard nicht ausdrücklich genannten Zähne fehlen dürfen, so lange gilt der Grundsatz der Vollständigkeit. Und an diesen Grundsatz pflegt sich die überwältigende Mehrheit der FCI-Mitgliedsländer, unter ihnen die Bundesrepublik Deutschland, auch zu halten.

Vom Grundsatz der Vollständigkeit sind jedoch kynologisch gerechtfertigte Ausnahmen zulässig. Beim Cairn Terrier hat der KfT in Übereinstimmung mit der Zuchtordnung des VDH hinsichtlich der Zahnformel eine solche Ausnahme gemacht:

Vier fehlende Prämolaren gelten als erlaubter, das heißt nicht zu bestrafender Prämolarverlust. Grund für diese Ausnahme war die Tatsache, daß einerseits vier fehlende Prämolaren die Gebrauchstüchtigkeit eines Arbeitsterriers (Kieferverletzungen) noch nicht einschränken, und andererseits Vollzahnigkeit, große Zähne und ein relativ kleiner Kopf mit relativ kurzem Fang bei einer Rasse, die nicht zuletzt aufgrund der Sünden des Mutterlandes in starkem Maße zu Prämolarverlusten neigt, nur schwierig zu erreichen sind.

Im übrigen wird nach den sehr differenzierten Bewertungsregeln des KfT kein ansonsten erstklassiger Cairn Terrier, nur weil ihm etwa fünf Prämolaren fehlen, zuchteinschränkend abqualifiziert; nur eine Titelanwartschaft darf einem solchen Hund nicht zuerkannt werden – sofern der Richter sich an die gültigen Bestimmungen hält. Andererseits wird kein zweitklassiger Hund, nur weil er vollzahnig ist, jemals eine Anwartschaft erhalten.

Fast zweistelliger oder gar vollständiger Prämolarverlust muß jedoch mit Zuchtausschluß bestraft werden.

Der Hals

des Cairn Terriers soll gemäßigt lang und kräftig sein und sich zum Ansatz hin gleichmäßig erweitern, um einen unmerklichen, fließenden Übergang zur Schulterpartie zu bilden. Ein kurzer Hals ist ebenso fehlerhaft wie ein schwach bemuskelter dünner, der dem Hund beim Festhalten der Beute nicht die nötigen Dienste leisten kann. Fehlerhaft ist auch ein zu langer Hals, der die obere Linie unharmonisch erscheinen läßt. Außerdem muß der Hals gut „aufgesetzt" sein, das heißt, er muß in einer eleganten oberen Linie ohne Knick harmonisch in die Schulterpartie mit schräg zurückliegenden Schulterblättern übergehen.

Vorderhand

Hinsichtlich der Vorderhand wird eine wichtige Standardforderung schon im Zusammenhang mit dem Hals formuliert: Die Schulterblätter sollen schräg nach hinten gelagert sein. Außerdem müssen sie breit sein, fest am Brustkorb anliegen und am Widerrist eng zusammenstehen.

Dort bilden sie allerdings nicht den höchsten Punkt: die Dornfortsätze der Wirbel ragen im Idealfall leicht darüber hinaus. Auch die relativ langen Oberarmknochen und die Ellenbogen müssen eng am Brustkorb anliegen, wobei Schulterblätter und Oberarmknochen möglichst einen Winkel von 90° bilden sollen. Hieraus ergibt sich, daß das Schultergelenk weit vorn am Brustkorb plaziert ist und daß der Cairn eher auf den Vorderläufen als zwischen den Vorderläufen stehend wirken muß. Nur so ist es möglich, daß die Vorderläufe parallel zum Brustkorb raumgreifend und frei bewegt werden können.

Wie wichtig eine gute Schulterlage für den Cairn Terrier ist, zeigt sich an den Fehlern, die ein Hund mit steiler, das heißt nicht schräg genug zurückliegender Schulter hat:

- der Halsaufsatz wirkt nicht elegant,
- der Hals ist optisch verkürzt, der Rücken dagegen entsprechend verlängert und
- die Vorderhandbewegung ist kurz und trippelnd, das heißt, dem Schub aus der Hinterhand kann keine auffangende Kraft entgegengesetzt werden.

Ein Cairn mit diesen Fehlern wirkt in ganz entscheidenden Punkten untypisch. Betrachtet man die Front des Cairn Terriers von vorn, so sollen die mittellangen, kräftigen Vorderläufe absolut gerade sein. Auch die Ellenbogen dürfen in Stand und Bewegung keinesfalls nach außen abstehen und lose oder ausgedreht wirken. Die sogenannte Chippendalefront ist damit grob fehlerhaft; fehlerhaft sind auch eine zu starke Muskelbildung auf den

1

1 Korrekte Form
2 Zu eng
3 Zu breit
4 „Beladene“ Schultern
5 „Chippendale“-Front
6 Ausgedrehte Ellenbogen

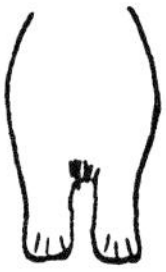

2

3

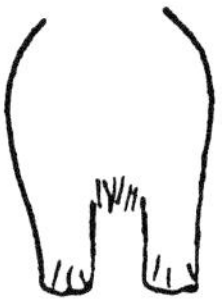

4

5

6

7

7 Korrekte Hinterhand
8 Zu breit
9 Kuhhessig
10 Faßbeinig

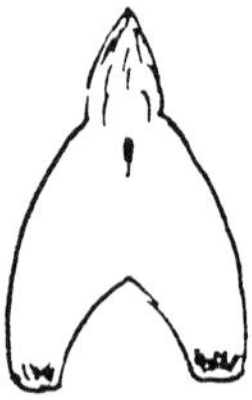

8

9

10

Schulterblättern („beladene Schultern“) und eine enge Front.

Die Vorderpfoten sollen vorzugsweise nach vorne gerichtet sein, wobei es aber unter Berücksichtigung der ursprünglich sehr erwünschten Grabefähigkeit des Hundes durchaus gestattet ist, wenn sie eine leichte Aufwärtsstellung aufweisen, sofern diese Stellung symmetrisch auf beiden Seiten besteht. Fehlerhaft, wenn auch nicht gravierend, ist es allerdings, wenn sich die Aufwärtsstellung nur auf einer Seite zeigt.

Der Körper

des Cairn Terriers muß kräftig, von „mittlerer Länge“ und substanzvoll sein. Der Brustkorb ist ziemlich tief, an der Wirbelsäule gut gewölbt und läuft zum Brustbein hin spitz zu. Der Brustkorb bietet so aufgrund seiner Tiefe genügend Platz für kräftige Brustorgane. Das Rumpfende bildet eine kräftige, biegsame Lendenpartie, wobei der Abstand zwischen Becken und Brustkorb größer als beim Westie sein muß.

Schwerwiegende Fehler, die leider sehr häufig auftreten, sind: zu kurze, selten zu lange, weiche und/oder nicht ebene Rücken; schmale, substanzlose oder aber tonnenförmige Brustkörbe sowie schwache, an den Seiten eingefallene Lendenpartien. Der Rücken soll im übrigen sowohl im Stand wie in der Bewegung eben sein. Durch nicht erwünschtes „Aufbauen“ des Hundes im Ring versuchen manche Aussteller darüber hinwegzutäuschen, daß ihr Cairn überbaut ist. Vor allem in der Bewegung läßt sich dieser Fehler aber kaum kaschieren. Ein Cairn mit perfektem Gangwerk darf praktisch keinerlei Auf- und Abbewegungen des Rückens zeigen.

Hinterhand

Hinsichtlich der Hinterhand fordert der Standard vor allem

- sehr kräftige, muskulöse Ober- und Unterschenkel,
- gute, aber keine übertriebenen Winkelungen im Knie- und Sprunggelenk,
- relativ tiefe Sprunggelenke und parallel stehende Hinterläufe.

Nur wenn ein Cairn Terrier diese Merkmale, insbesondere sehr muskulöse Schenkel, aufweist, ist der Schub der Hinterhand kräftig genug, um dem Hund in jedem Gelände und auf jedem Boden eine optimale Bewegung zu ermöglichen. Durch die kräftigen Muskeln und die tiefen Sprunggelenke wirken die Hinterläufe zudem ziemlich kurz und im oberen Teil breit; sie befähigen den Cairn Terrier auch starke Beutetiere durch die Kraft seiner Hinterhand am Boden zu halten.

Fehlerhaft sind deutliche Zehenenge, Kuhhessigkeit (nach innen weisende Sprunggelenke) und Faßbeinigkeit (O-Beine).

Die Pfoten

des Cairn Terriers sind kräftig und rund (Katzenpfoten); sie müssen groß sein, und zwar vorne größer als hinten, und gut gepolsterte Ballen aufweisen. Längliche „Hasenpfoten", Spreizpfoten und flache, schwach gepolsterte Ballen sind fehlerhaft.

Besondere Beachtung sollte der Krallenlänge geschenkt werden; die Krallen müssen kurz gehalten werden und sollten im Stand möglichst nicht den Boden berühren. Überlange Krallen führen auf die Dauer unweigerlich zu Spreizpfoten und zu fehlerhafter Pfotenstellung; sie behindern den Hund letztlich in der Bewegung.

Die Rute

soll kurz sein und zum Körper passen. Entscheidend ist also, daß das Erscheinungsbild des Cairn Terriers bei optimaler oberer Linie mit korrekter Kopf- und Halshaltung und

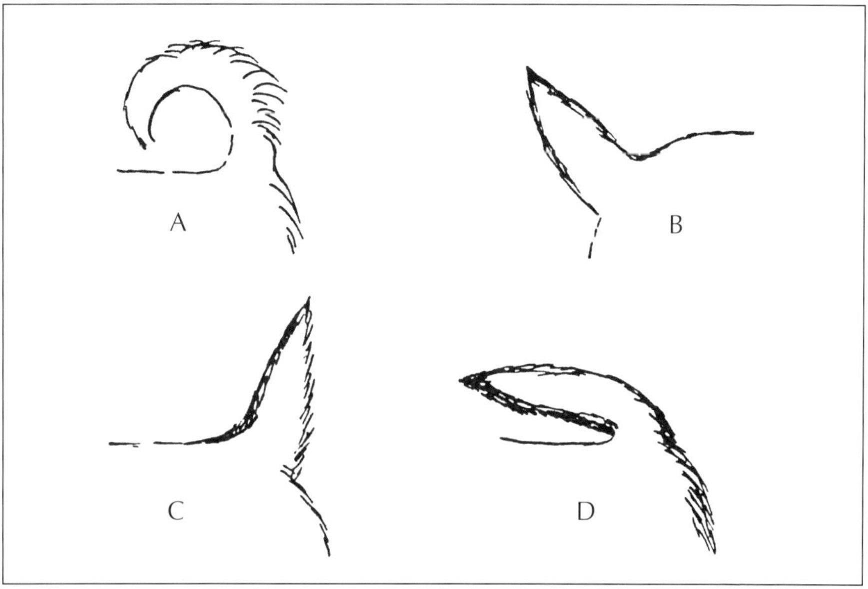

Rute
A Sichelrute, B zu tief angesetzt, C korrekt, D zu lustig getragen beziehungsweise überzogen

aufrecht getragener Rute harmonisch ausgewogen ist. Eine Angabe über die Länge der Rute in Zentimeter ist im Standard nicht enthalten. Als Regel sollte aber gelten, daß die Rutenspitze bei der oben beschriebenen Haltung keinesfalls über das Niveau des Hinterhauptbeins hinausragt – sie darf aber sehr wohl kürzer sein, soweit das der Gesamterscheinung des Hundes nicht abträglich ist. Die Rute soll am Ansatz kräftig sein, zur Spitze hin dünner werden, und sie darf keine Befederung (langes, überstehendes Haar) aufweisen; sie soll außerdem nach international einheitlicher Standardinterpretation hoch angesetzt sein, wobei die Kruppe zum Rutenansatz hin nicht abfallen darf. Schließlich soll die Rute aufrecht, aber nicht über den Rücken gebogen oder gar auf dem Rücken liegend getragen werden. Eben so wenig erfüllt eine hängende bis waagerecht getragene Rute die vom Standard geforderte „fröhliche" Rutenhaltung.

Im Ausstellungsring wirkt allerdings ein Cairn Terrier mit leicht über den Rücken gezogener – jedoch nicht sichelförmig gebogener – Rute, deren Spitze geringfügig in Richtung des Kopfes weist, wesentlich typischer als ein Hund, der die Rute überwiegend halb hoch trägt. Außerdem zeigt sich ein solcher Hund erfahrungsgemäß sicherer. Als nicht wünschenswert, beziehungsweise fehlerhaft, sind neben zu langen, tief angesetzten, halbmast getragenen oder Sichelruten auch angeborene Knickruten anzusehen, obwohl der Standard über diesen Punkt keine Angaben macht.

Operative Rutenkorrekturen wie das Kupieren oder Begradigen von Ruten führen als Täuschungshandlungen zur Disqualifikation.

Haar und Farbe

Dem Haarkleid des Cairn Terriers kommt im Hinblick auf den ursprünglichen Verwendungszweck und die Herkunft der Rasse besondere Bedeutung zu. Der Standard fordert doppeltes Haar, bestehend aus kurzer, dichter, weicher Unterwolle und einer geschlossenen Decke aus hartem, kräftigem, aber nicht drahtigem Deckhaar. Diese Haarstruktur bot in idealer Weise Schutz vor dem rauhen Klima des schottischen Hochlandes, vor Verletzungen bei der Jagd durch Dornengestrüpp und in scharfkantigem Felsengestein sowie vor den Bissen wehrhafter Beutetiere.

Standardwidrig ist seidiges Haar, das oft genug ausgeprägte Locken aufweist. Fehlende oder spärliche Unterwolle und „offenes", das heißt nicht fest am Körper anliegendes, sondern mehr oder weniger abstehendes Haar, sind ebenfalls recht häufig auftretende Fehler; eine leichte Wellung ist indessen erlaubt.

Farbe. Der Cairn Terrier darf, kurz gesagt, außer schwarz und weiß alle

Ein hochveranlagter Jungrüde – KfT-Jugend-Champion, Welt- und Europa-Jugendsieger Mount Button Belmondo

Farben haben – mit der Einschränkung, daß er keine weißen Flecken aufweisen darf. Schwarzes Haar mit lohfarbenen Abzeichen (black and tan) ist absolut fehlerhaft. Natürlich ist die Farbenvielfalt des Cairn Terriers sehr verwirrend. Gesteigert wird diese Verwirrung noch durch einige Züchter, die nur einen – ihren – Farbschlag als den einzig richtigen propagieren.

Es ist sicherlich nicht von der Hand zu weisen, daß ein Cairn Terrier von kräftiger roter Farbe mit dunklem Gesicht und dunklen Ohren – also mit einer ausgeprägten und im Standard als „besonders typisch" bezeichneten Maske – sehr leicht seinen Liebhaber findet. Auf der anderen Seite sollte man sich aber vor Augen halten, daß bis zum heutigen Tage der Cairn in seiner Farbenvielfalt vom Standard ausdrücklich gewünscht wird und daß ohne weiteres bei einem genügend großen Wurf mehrere Farbvarianten fallen können. Kennzeichnend ist in diesem Zusammenhang der Ausspruch, den ein großer Kenner dieser Rasse, Col. Whitehead, getan hat: „Ein guter Cairn Terrier kann keine schlechte Farbe haben."

Gewicht und Größe

Seit der ersten Überarbeitung des Urstandards von 1911 im Jahre 1922 wurde das Idealgewicht des Cairns mit 14 engl. pounds (= 6,35 kg) angegeben.

Trotz zum Teil heftiger Diskussionen über Gewicht und Größe in den letzten Jahrzehnten wurde das Idealgewicht von 6,35 kg (für Hündinnen entsprechend etwas weniger, etwa 5,5 kg) beibehalten. Natürlich muß dieses Gewicht in richtigem Verhältnis zur Größe stehen, um die gewünschte Beweglichkeit bei genügen der Substanz, die für den Cairn beim Kampf mit dem Fuchs von existentieller Bedeutung sein könnte, zu erhalten.

So kann ein großrahmiger Cairn mit dem angegebenen Gewicht von 6,35 kg „mickrig" wirken, während ein kleineres Exemplar bei gleichem Gewicht als „wandelndes Tönnchen" durch die Landschaft „rollt".

Um die vom Standard geforderte Ausgewogenheit von Größe und Gewicht, also einen gut ausbalancierten Cairn Terrier, zu bekommen, galt bis 1982 als Richtschnur unausgesprochen eine Größe von 25 cm Widerristhöhe fur Rüden und 24 cm für Hündinnen als Idealmaß. Erst mit der letzten Standardüberarbeitung vom November 1982 wurde für wirkliche Klarheit hinsichtlich Größe und Gewicht gesorgt: 6 bis 7,5 kg bei einer Widerristhöhe von 28 bis 31 cm. Es mag überraschen, daß das über Jahrzehnte unverändert beibehaltene Gewicht von 6,35 kg eine so deutliche Steigerung erfahren hat. Wenn man

Jetzt wollen wir aber die Belohnung haben! Drei Cairns aus dem Zwinger „v. Krummauel"

jedoch über Jahre hinweg die betreffende Entwicklung der Englischen Champions beobachtet hat, so war diese Änderung nur eine zwangsläufige Anpassung an die tatsächlichen Gegebenheiten. Gerade deshalb sollte man sich nun aber davor hüten, der für viele Rassen unheilvollen Entwicklung nach immer mehr Größe und Gewicht weiter zu folgen.

Fehler

Die abschließende Bemerkung im Standard, daß alle Abweichungen von den genannten Punkten entsprechend ihrer Schwere bewertet beziehungsweise bestraft werden müssen, klingt zunächst relativ nichtssagend. Zum besseren Verständnis sollte man deshalb den Cairn mit den Augen derer betrachten, die 1911 den ersten Rassestandard aufstellten. Ihre Vorstellung von einem Cairn verlangte

- einen gut behaarten Kopf, jedoch nicht so stark behaart wie beim Skye,
- einen starken Schädel, aber nicht mit dem langen Vorgesicht des Scottie,

- Niederläufigkeit, aber nicht so niedrig auf den Beinen wie der Scottie,
- geringeres Gewicht als der Westie und ein schlankeres Gebäude.

Demnach sollte ein idealer Cairn, der keine verbotenen Ähnlichkeiten mit seinen Vettern Skye, Scottish und West Highland White aufweisen durfte, folgendermaßen aussehen:

Ein zottiger Hund mit keilförmigem Kopf und freundlichem, herausforderndem Blick; mit kleinen, spitzen Ohren ohne Befederung, starken kräftigen Zähnen, schwarzer Nase, elegantem Hals, mittellangem Haar und mittellanger Rute bei geradem und festem Rücken von mittlerer Länge, festanliegenden Ellenbogen, geraden Läufen, schrägen Schultern bei guter Brusttiefe, gutem Schub durch eine kräftige Hinterhand. Er bewegt sich frei an der Leine, als würde ihm die ganze Welt gehören.

Nach dem Gesagten wird es deutlich, daß es nicht zu dem gewünschten Ziel führen kann, wenn jeweils nur einige besonders wichtig erscheinende Standardpunkte in der Fehlerbeschreibung herausgepickt werden. Es gilt vielmehr, den Cairn Terrier – wie übrigens jeden anderen Rassehund auch – als ein Ganzes zu sehen, wobei stets darauf geachtet werden muß, verbotene Ähnlichkeiten mit seinen Vettern zu erkennen und als Fehler entsprechend zu bestrafen.

Dies betrifft sicherlich vor allem die Anatomie – aber auch Fehler wie ein Westie- oder Scottie-Trimming oder das bei zahlreichen anderen Terrierrassen gewohnte „Aufbauen“ im Ring sind damit gemeint.

Die Anschaffung eines Cairn Terriers

Vorüberlegungen

Spontanentscheidungen sind bei der Anschaffung von Tieren schon im allgemeinen höchst problematisch, bei der Anschaffung eines Cairn Terriers sind sie geradezu fatal. Da im Moment der spontanen Nachfrage bei Züchtern dieser Rasse ein Welpe häufig nicht sofort zu erhalten ist und jeder seriöse Züchter zudem mit Nachdruck davor warnen wird, ausgerechnet zu typischen „Schenkfesten" einen Welpen ins Haus zu nehmen, sind Hundehändler in der Regel die Nutznießer von Spontankäufen. Wenn dann allmählich die Erkenntnis dämmert, daß zum Halten eines Hundes erheblich mehr gehört als spontane Begeisterung, wird der Junghund schnell an einen neuen Halter abgeschoben – wobei einem Cairn aufgrund seines Wertes immerhin wenigstens das Tierheim erspart zu bleiben pflegt.

Doch selbst wer sich nach gründlicher Information über die Rasse einen Cairn Terrier anschaffen möchte, sollte vorab noch einige grundsätzliche Überlegungen anstellen:

- Zunächst muß sich jeder künftige Hundehalter ernsthaft fragen, ob er die nötige Zeit und Bewegungsfreude für seinen Cairn aufbringen kann, und ob er vor allem die nötige Konsequenz besitzt, einen solchen Hund, der als Familienmitglied akzeptiert und respektiert werden möchte, zu erziehen. In der Regel sind dies Fragen, die sich die Damen des Hauses zu stellen haben, denn an ihnen bleibt „es" üblicherweise hängen.
- Sodann wäre zu prüfen, ob das Halten des Hundes rechtlich unproblematisch ist. Wer zur Miete wohnt, benötigt, um sicher zu sein, die schriftliche Erlaubnis des Vermieters; Grundstückseigentümer sollten in Erwägung ziehen, daß der Ärger mit bösartigen Nachbarn die Freude am Cairn empfindlich stören könnte.
- Schließlich ist eine gründliche Kostenkalkulation empfehlenswert.
- Der Kaufpreis für einen Cairn Welpen ist nicht eben als niedrig zu bezeichnen. Dabei sind die besten Zwinger keineswegs immer auch die teuersten.
- Die Hundesteuer schlägt zunehmend deutlicher zu Buche. In einigen Großstädten beträgt diese Steuer inzwischen über 200 Mark pro Jahr, in Landgemeinden greift

Wer beschützt hier wen?

die öffentliche Hand üblicherweise weniger rabiat zu.

- Die Kosten für artgerechte Ernährung und regelmäßig notwendige tierärztliche Versorgung lassen sich aufgrund der Ausführungen über Ernährung und Gesundheit unschwer errechnen; auch sie sind nicht unbeträchtlich.
- Die Kosten einer Hunde-Haftpflichtversicherung sind ebenfalls einzukalkulieren. Keine solche Versicherung abzuschließen, wäre sträflicher Leichtsinn, denn der Halter eines Hundes haftet nicht nach dem üblichen Verschuldensprinzip, sondern nach dem Gefährdungsprinzip.

Wenn ich groß bin, werde ich ein Champion (Ch. Mount Button Universal Witch im Alter von 13 Wochen)

- Den zur Freude eines jeden Cairn Terriers vorhandenen Garten ausbruchsicher zu umzäunen, ist zwingend geboten; die damit verbundenen Kosten sind leicht zu erfassen. Schwieriger zu ermitteln sind dagegen jene Kosten, die dadurch entstehen, daß so ein schottisches Grabewunder sich mit den Vorstellungen seiner zweibeinigen Rudelmitglieder über die wünschenswerte Gartengestaltung einfach nicht anfreunden mag.

Haben die Vorüberlegungen zu einem positiven Ergebnis geführt, so kann man sich nun auf die Suche nach einem geeigneten Züchter machen.

Wahl des Züchters

Die Auswahl des Zwingers, aus dem man einen Cairnwelpen zu erwerben wünscht, und damit die Auswahl des Züchters, ist beinahe eben so wichtig wie die Auswahl des Welpen selbst. Zunächst sollte man sich an den Verband für das Deutsche Hundewesen (VDH) wenden, um hier vielleicht schon einige gute Züchter genannt zu bekommen und zu erfahren, wann und wo eine Zuchtschau stattfindet, auf der man dann Hunde und Züchter direkt kennenlernen kann. Weiterhin ist es ratsam, den Klub für Terrier (KfT) um ein Verzeichnis der Cairn-Terrier-Züchter (Züchtertafel) und um die Angabe von Zuchtschauterminen zu bitten, um dort entsprechende Kontakte zu Züchtern aufzunehmen, deren Hunde besonders gefallen. Vielleicht gibt sogar der eine oder andere Zuchtrichter auf Befragen einen Hinweis.

Ein engagierter Züchter wird auf die telefonische Anfrage nach einem Cairnwelpen und die Bitte um Beratung sicherlich die gewünschten Informationen geben, nur – einen Welpen telefonisch verbindlich zusagen, ohne den Interessenten persönlich kennengelernt zu haben, wird er nicht. Ein seriöser Züchter gibt dem Interessenten Gelegenheit zu einem Besuch, bei dem dann zumindest die Zuchthündin, gegebenenfalls sogar beide Elterntiere und die Zuchtergebnisse entsprechender Verbindungen vorgestellt werden. Man lernt die Art der Hundehaltung beim Züchter kennen und hat die Möglichkeit, eingehend über die Rasse und ihre Eigenheiten zu fachsimpeln sowie einiges über die Zucht- und Ausstellungserfolge des Zwingers zu erfahren – sofern man sich darüber nicht schon vorher erkundigt hat. Stellt sich dann noch heraus, daß der Züchter es ablehnt, einen Cairnwelpen schon mit acht Wochen abzugeben oder gar zu verschicken, und besteht er darauf, daß der Welpe zwischen der 10. und 12. Woche persönlich abgeholt wird, so spricht einiges dafür, daß man hier getrost einen Welpen kaufen kann. Im übrigen ist es zweckmäßig, frühzeitig zu erkennen zu geben, ob der Welpe als Haushund oder zu Zucht- und Ausstellungszwecken erworben werden soll.

Rüde oder Hündin

Ob man einen Rüden oder eine Hündin erwirbt, ist entweder eine Frage der persönlichen Vorliebe oder das Ergebnis praktischer Überlegungen; jedenfalls gehören, was den Cairn Terrier anbetrifft, die hinlänglich bekannten Geschichten über ausgeprägte geschlechtsspezifische Wesensunterschiede zwischen Rüden und Hündinnen mehr oder weniger in das Reich der Fabel – anhängliche Schmuser und charmante Rüpel finden sich bei Rüden und Hündinnen gleichermaßen. Im übrigen wird man seine Entscheidung sinnvollerweise davon abhängig machen, ob im Laufe eines Jahres die zweimalige jeweils etwa 21 Tage währende Läufigkeit der Hündin oder die fortwährende Minnebereitschaft des Rüden mit geringeren Problemen verbunden sind, je nachdem, ob sich unter den Hunden der unmittelbaren Nachbarschaft mehr Rüden oder mehr Hündinnen befinden; oder ob man bei Regenwetter mangels Garten, in den man seinen Cairn laufen lassen könnte, mit dem Rüden etwas länger, oder mit der Hündin nur kurz im Regen stehen möchte. Wer nicht durch objektive Rahmenbedingungen festgelegt ist und keine aus welchen Gründen auch immer bestehende ausgeprägte Vorliebe für Rüde oder Hündin besitzt, sollte sich in dieser immer wieder hochgespielten Frage nicht ohne Not festlegen und in Ruhe den Wurf abwarten. Jedenfalls hat derjenige die größte Chance, aus einem guten Zwinger einen Cairnwelpen zu bekommen, der sich in dieser Frage flexibel zeigt.

Auswahl des Welpen

Wer mit dem Züchter den Kauf eines Welpen für Zucht und Ausstellung vereinbart hat, wird davon ausgehen dürfen, daß ihn der Züchter bei der Auswahl des Welpen fachkundig berät, denn es ist ja schließlich auch der Name des Züchters, der mit einem ausgestellten Hund in Verbindung gebracht wird. In diesem Falle kann es jedoch sein, daß man sich mit der Übernahme des Welpen bis nach dem Zahnwechsel gedulden muß, denn erst dann läßt sich exakt sagen, ob erlaubter Prämolarverlust vorliegt oder nicht, ob der Schluß korrekt ist oder nicht und ob er mit einiger Wahrscheinlichkeit auch korrekt bleiben wird. Außerdem hat ein erfahrener Züchter bis zum Zahnwechsel genügend Zeit gehabt, die erforderliche Tauglichkeit des Welpen insbesondere für Ausstellungszwecke in jeder Hinsicht zu prüfen.

Die alte Faustregel, daß Merkmale, die direkt nach der Geburt, nach dem siebten Tag, der siebten Woche und dem siebten Monat konstant auftreten, auch auf Dauer erhalten bleiben, hat beim Cairn Terrier tatsächlich einiges für sich, unter anderem wohl auch darum, weil Hunde dieser Rasse sich nach dem letztgenannten Zeitpunkt in ihren wesentlichen Körpermerkmalen nicht mehr gar zu sehr verändern. Dies gilt insbesondere dann, wenn sich der Welpe bis dahin harmonisch und nicht, was keineswegs selten ist, schubartig entwickelt hat.

Wer jedoch selbst die Qual der Auswahl hat, sollte nach Möglichkeit den Wurf mit „seinem“ Welpen regelmäßig besuchen und beim acht bis neun Wochen alten Cairn sein Augenmerk besonders auf folgende Punkte richten:

- Ein Cairnwelpe muß in diesem Alter die typischen Verhaltensmerkmale der Rasse ganz ausgeprägt zeigen, das heißt, er muß sich selbstbewußt, frei und fröhlich mit aufgerichteter Rute bewegen und munter mit seinen Wurfgeschwistern spielen; fremden Personen kann er mit aufmerksamer Zurückhaltung begegnen, er muß aber absolutes Vertrauen zur Bezugsperson (zum Züchter) zeigen. Ängstlich quäkende, furchtsame und verschreckte Welpen sind wesensmäßig völlig untypisch und versprechen, sich zu verhaltensgestörten Hunden zu entwickeln. In

Mutter ist die Beste – solange es noch was zu ergattern gibt

diesem Zusammenhang kann auch die hohe Wahrscheinlichkeit, daß es sich angesichts der Wesensfestigkeit der Rasse im Zweifel um erworbene und nicht um angewölfte Wesensmängel handeln dürfte, kein Grund sein, einen solchen Befund auf die leichte Schulter zu nehmen.

- Das Pigment muß stimmen: Der Nasenspiegel muß in diesem Alter schwarz sein, sonst gibt es Probleme; die Ballen sollten bereits schwarz sein, sie können indessen noch nachdunkeln, wenn entsprechende Pigmenteinlagerungen erkennbar sind. Krallen, die jetzt noch nicht schwarz sind, werden es in der Regel auch nicht mehr.
- Fehlerhafte Proportionen und Winkelungen werden sich niemals ganz auswachsen. Aus der Kombination von kurzem Hals und sehr kurzem oder sehr langem Rücken wird niemals eine wirklich gute obere Linie, steile Schulter und

Wie schade, daß ich an der Leine bin!

steile Hinterhand werden auch durch die beste Muskelentwicklung nicht zum Verschwinden gebracht.

- Aus zu kräftigen Knochen – sie sind relativ selten – können in den folgenden Streckphasen durchaus noch die gewünscht kräftigen Knochen werden, zu leichte Knochen werden es aber im Zweifel nie. Eine fehlerhafte Chippendale-Front wird sich in keiner Entwicklungsphase mehr korrigieren, und zierliche Pfoten mit schlecht gepolsterten Ballen bessern sich in aller Regel auch nicht mehr. Ein tiefer Rutenansatz und eine Sichelrute bleiben, eine leicht überzogene Rute normalisiert sich später meistens.
- Aus einem langen (Schotten-)Kopf und einem nur schwach ausgeprägten Stop wird niemals mehr ein standardgerechter Kopf, und ein zu langes Vorgesicht dürfte sich eher noch stärker ausprägen als abschwächen. Fast schwarze Augen können sich noch etwas aufhellen, gleiches gilt für helle Augen, die dadurch allerdings noch fehlerhafter werden. Ob die Ohren schon vollständig stehen oder nicht, ist belanglos, sofern sie klein sind und spitz zulaufen; große und runde Ohren werden niemals mehr korrekt, sind sie darüber hinaus auch noch schwer, so wird unter Umständen selbst das Stehen kritisch. Ein in diesem Alter bestehender leichter Rückbiß kann sich durchaus noch zu einer korrekten Schere herausbilden, ein Vorbiß hingegen wird sich im Zweifel eher noch verstärken als zu einem korrekten Schluß führen.

- Je kürzer und härter das Haar des Welpen ist, desto sicherer wird der ausgewachsene Hund gutes Haar haben; Welpen mit großer Haarfülle sehen in diesem Alter zwar ganz reizend aus, ihr Haar kann aber zum Problem werden, wenn nicht zumindest im Bereich der Kruppe hartes fühlbar ist.

Wenn alle Welpen eines Wurfes einen gesunden, kräftigen Eindruck machen und keine Verhaltensauffälligkeiten zeigen, ist es letztlich Gefühlssache, für wen man sich entscheidet: für den Frechsten, den Aktivsten, den selbstbewußt Zurückhaltenden – oder wer sonst gerade Liebe auf den ersten Hundeblick ausgelöst haben mag.

Übernahme des Welpen

Zwar ist es den Züchtern nach den Bestimmungen der Zuchtordnung des KfT gestattet, einen Cairnwelpen mit vollendeten acht Wochen abzugeben, doch kann das ideale Übergabealter eines Welpen durchaus später liegen. Die letzte Entwicklungsphase eines Welpen, die Sozialisierungsphase, in der sein Verhalten als Hund gegenüber anderen Hunden entscheidend geprägt wird, liegt nämlich zwischen der 8. und 12. Lebenswoche. Je nach Entwicklungsfortschritt, der maßgeblich auch dadurch bestimmt wird, ob sich neben der Hündin auch ein Rüde um die Erziehung der Welpen kümmert, kann der Cairnwelpe dann als wesensmäßig gefestigter, verhaltenssicherer kleiner Hund in sein neues Zuhause entlassen werden.

Es sollte sich von selbst verstehen, daß der Züchter den neuen Eigentümern seines Zuchtproduktes auch in Zukunft mit Rat und Tat zur Seite steht, insbesondere dann, wenn es sich um Ersterwerber handelt.

Über etwaige zum Zeitpunkt der Abgabe des Welpen bestehende zuchtausschließende Fehler muß der Züchter den Käufer vor Abschluß des Kaufvertrages informieren. Der Käufer sollte sich bei dieser Gelegenheit vom Züchter den Wurfabnahmeschein vorlegen lassen. Ob ein Kaufvertrag über einen Welpen mündlich oder schriftlich geschlossen wird, ist für seine Gültigkeit belanglos. Schriftliche Musterverträge sind beim Verband für das Deutsche Hundewesen (VDH) erhältlich.

Wenn die neuen Eigentümer nicht schon bei früheren Besuchen einen Futter und Pflegeplan sowie umfassende Instruktionen für das Einleben des Welpen in der neuen Umgebung erhalten haben, so sind diese spätestens jetzt fällig. Bei der Übergabe des Welpen, der bei guter Gesundheit und vorschriftsmäßig geimpft und entwurmt sein muß, sind den neuen Eigentümern auch die vom Zuchtbuchamt des KfT ausgestellte Ahnentafel und der Impfpaß auszuhändigen. Liegt die zum Hund gehörende Ahnentafel dem Züchter zum Zeitpunkt der Abgabe des Welpen noch nicht vor, so wird er sie unverzüglich nachliefern.

Mit Ahnentafeln des KfT ausgestattete Welpen werden tätowiert. Der Welpe trägt die Tätowiernummer (die Zuchtnummer der Ahnentafel) als Identitätsnachweis im rechten Ohr. Die Tätowiernummer ist auch noch im Impfpaß niedergelegt, der Angaben über folgende Erstimpfungen enthalten muß: Staube, Hepatitis, Leptospirose und Parvovirose.

Die körperliche Übernahme des Welpen sollte schließlich so vonstatten gehen, daß sich ein Familienmitglied auf der Fahrt zum endgültigen Zuhause des vierbeinigen Familienzuwachses intensiv um den kleinen Cairn kümmert, am besten die Person, die auch später während des Tages seine Hauptbezugsperson sein wird. Außerdem sollte man zu einer Tageszeit in der neuen Umgebung eintreffen, die es dem Welpen erlaubt, sich erst einmal von den Anstrengungen der Übersiedlung zu erholen, um dann die neue Umwelt neugierig und selbstbewußt zu erforschen und in Besitz zu nehmen.

Als absoluter Mittelpunkt des Interesses wird ein kleiner Cairn sehr schnell sein Dasein genießen und die erste Nacht erschöpft und zufrieden schlafend in seinem Körbchen verbringen. Sollte er wider Erwarten unruhig sein und seinem alten Rudel nachtrauern, so kann man sein Körbchen neben das Bett stellen und dem Welpen durch gelegentliches Streicheln zu erkennen geben, daß er keinen Anlaß hat, sich allein zu fühlen. Und schon bald wird er sich so verhalten, als habe er nirgendwo anders gelebt.

Aufzucht, Pflege und Erziehung

Wer einen neun bis zwölf Wochen alten Cairnwelpen in sein Haus geholt hat, tut zunächst einmal gut daran, die Ratschläge des Züchters zu beachten, damit sich die Veränderungen, denen der Welpe kurzfristig ausgesetzt wird, in Grenzen halten. Selbstverständlich ist es keineswegs schädlich, sich vorher über die grundlegenden Fragen der Hundehaltung sachkundig zu machen, um auf diesem – gelegentlich in unverantwortlicher Weise theoretisch überhöhten – Gebiet zu einem eigenen Urteil zu gelangen.

Verständliche Sachbücher über Hundehaltung im allgemeinen mit fundierten Ausführungen über Aufzucht, Erziehung und Pflege sind inzwischen keine Seltenheit mehr, und für die niederläufigen Terrier insgesamt hat Wiebke Steen zu diesem Thema in ihrem Buch „Die Terrier" auf der Grundlage gesicherter Er-

Wir sind zu jeder Schandtat bereit (Olaf und Carl-Gustav of Monadhliath)

kenntnisse und langjähriger praktischer Erfahrungen eine Vielzahl beherzigenswerter Empfehlungen und Warnungen ausgesprochen.

Die Ausführungen zu Aufzucht, Pflege und Erziehung von Cairn Terriern können sich deshalb, neben einigen grundlegenden Feststellungen, ganz auf rassespezifische Fragestellungen konzentrieren, um folgenschwere Fehler bei der Haltung eines Cairn Terriers zu vermeiden. Der Satz „Die Zucht macht den Welpen, die Aufzucht den Hund“ ist nämlich zumindest insofern uneingeschränkt richtig, als auch ein in Konstitution und Wesen hervorragender Cairnwelpe durch schwerwiegende Aufzucht-, Pflege- und Erziehungsfehler noch gründlich ruiniert werden kann.

Aufzuchtbedingungen und Aufzuchtfehler

Bei der Aufzucht eines jungen Cairn Terriers sollten zunächst folgende allgemeingültige Grundsätze beachtet werden:

Der Welpe braucht eine ausreichend große, möglichst mit einer Decke gut ausgelegte und zugfrei aufgestellte Behausung, die ihm als Schlafplatz dient. Offene oder geschlossene Körbchen aus stabilem Kunststoff sind dabei solchen aus Holz oder Weidengeflecht vorzuziehen, da letztere recht schnell dem Kau- und Nageeifer eines aktiven Welpen zum Opfer fallen, wenn keine Kauknochen oder Büffelhautstäbchen verfügbar sind.

Welpen haben ein ausgeprägtes Schlafbedürfnis. Dem ist insbesondere nach größeren Erkundungsgängen, die bei Welpen jedoch noch nicht zu Gewaltmärschen ausarten dürfen, und nach den Mahlzeiten (mit den danach zu verrichtenden größeren oder kleineren „Geschäften“) sorgfältig Rechnung zu tragen.

Ein Welpe muß regelmäßig gefüttert werden. Es ist daher wichtig, bestimmte Futterzeiten konsequent einzuhalten; frisches Trinkwasser muß stets vorhanden sein (siehe Kapitel Ernährung).

Welpen haben einen natürlichen Erkundungsdrang. Es wäre unklug, diese Neigung – gerade bei einem so pfiffigen und lebhaften Hund wie dem Cairn – im eigenen Haus und Garten nicht zu unterstützen oder sie gar einzuschränken. Schließlich muß ein Hund das Territorium, das er bewachen und verteidigen soll, auch gründlich kennen.

Junge Hunde sind im Gebäude noch sehr lose, desshalb können durch Aufzuchtfehler insbesondere Bänder und Muskeln geschädigt und unter extremen Bedingungen sogar die Knochen deformiert werden. Dies gilt generell vor allem für das Hochnehmen junger Hunde: Sie dürfen niemals an den Vorderläufen hochgezogen oder gar unter den Ellenbogen hochgestemmt werden. Richtig ist hingegen, mit einer Hand unter das Hinterteil des Hundes zu greifen, möglichst ohne dabei die Rute einzuklemmen, und die andere Hand unter den vorderen Teil des Brustkorbs zu legen, wobei man noch mit Daumen und kleinem Finger die Vorderläufe des Hundes umfassen kann.

Wie bei allen niederläufigen Hunden ist es auch beim Cairn bezüglich der Knochen-, Muskel- und Bänderschäden ein unter Umständen folgenschwerer Aufzuchtfehler, einen weniger als zehn bis elf Monate alten Hund regelmäßig Treppen steigen oder niedrige Brüstungen erklimmen zu lassen. Krumme Rücken und fehlerhafte Fronten mit ausgedrehten Ellenbogen, nicht am Brustkorb anliegenden Oberarmknochen und lose Schultern sind häufig die Folgen dieses Fehlers.

Auch das Gebiß, das Haar und die Ohren des Cairn Terriers können durch Aufzuchtfehler geschädigt werden. Während des Umzahnens, also in der Phase des Wechsels vom Welpengebiß zu den bleibenden Zähnen, sollte man auf keinen Fall in der Weise mit dem jungen Cairn spielen, daß man ihn an Tüchern oder Ähnlichem zerren läßt oder ihn hinter sich herzieht. Veränderungen der Zahnstellung, insbesondere bei den Schneidezähnen oder gar des Unterkiefers, der ja nur ein sogenannter Deckknochen ist, können die Folge sein, denn die Kraft, die ein junger Cairn beim Sich-Entgegenstemmen entwickelt, und ihre Auswirkungen auf noch nicht gefestigte Zähne und Knochen werden häufig unterschätzt. Mancher Zangen- und mancher knappe Scherenschluß sind auf diese Weise schon zum Vorbiß geworden. Kalbsknochen oder Kauknochen aus Büffelhaut sind während des Umzahnens ideal; das intensive Benagen dieser Knochen hilft, die Zähne des Milchgebisses zu lockern, das Zahnfleisch zu massieren und die Kiefer zu festigen.

Während des Zahnwechsels kann es in seltenen Fällen vorkommen, daß bereits stehende Ohren wieder kippen. Neben einer besonders mineralstoffreichen Ernährung in dieser Phase ist darauf zu achten, daß die Ohren kurz nach Beendigung des Umzahnens wieder zu stehen kommen. Ist dies vor allem bei relativ großen Ohren nicht bis zum achten Monat geschehen, so sollten die Ohren regelmäßig massiert oder aber „geklebt" werden. Wenn diese Prozedur wirklich notwendig sein sollte, ist es ratsam, sie durch den Züchter oder einen erfahrenen Tierarzt vornehmen zu lassen.

Häßliche Kahlstellen, die vor allem an den Pfoten durch intensives Benagen hervorgerufen werden, sind nur vermeidbar, wenn man diese Unart durch ein scharfes „Pfui“ oder „Aus“ unterbindet.

Zur artgerechten Aufzucht eines Cairn Terriers gehört auch die Sicherung der notwendigen Bewegung. Ohne sie kann sich die Muskulatur, insbesondere die der Hinterhand, nicht so kräftig entwickeln wie es bei dieser Rasse aus guten Gründen erwünscht ist.

Pflegehinweise

Die regelmäßige und sorgfältige Pflege eines Cairn Terriers dient vor allem seiner Gesundheit, aber auch seinem typischen Aussehen. Soweit sich die Pflege unseres Cairn Terriers auf seine Ernährung bezieht oder auf die Erhaltung seiner Gesundheit, vor allem was Zähne, Augen und Ohren anbetrifft, so sind diese Fragen ausführlich in den Kapiteln „Ernährung“ und „Gesundheit“ behandelt. Auch nur in einem der beiden Bereiche nicht die notwendige Sorgfalt walten zu lassen, ist nicht nur verantwortungslos dem Hund gegenüber, sondern überdies im Zweifel auch sehr teuer.

Einige häufige Pflegefehler, die in krasser Form auch die Gesundheit unseres Cairn Terriers beeinträchtigen können, betreffen Pfoten, Fell und Ohren.

Wenn sich die Krallen eines Cairn Terriers nicht mehr auf natürlichem Wege abschleifen, was unter den heutigen Lebensumständen des Hundes häufig der Fall ist, dann müssen sie durch regelmäßiges Schneiden mit einer Krallenzange kurz gehalten werden.

Überlange Krallen und Spreizpfoten sind keineswegs nur ein Schönheitsfehler, sie verändern nicht selten die Pfotenstellung (die Pfote dreht nach außen) und beeinträchtigen schließlich das Gangwerk insgesamt. Zu Verfilzungen zwischen den Ballen, in die sich dann leicht Schmutz und kleine Steinchen setzen, kommt es, wenn die Haare zwischen den Ballen nicht kurz gehalten werden. Warnzeichen in dieser Richtung sind ständiges Lecken und Nagen an den Pfoten. Beim Krallenschneiden ist im übrigen bei gut pigmentierten Nägeln besonders darauf zu achten, daß die Ader in der Kralle nicht verletzt wird.

Wird das Fell eines doppelhaarigen Hundes nicht regelmäßig zunächst mit der Bürste und dann mit einem Kamm gepflegt, kommt es im günstigsten Falle zu Verfilzungen und Verknotungen, deren Beseitigung für den Hund höchst schmerzhaft ist. Bei längere Zeit bestehenden Verfilzungen der Unterwolle kann es zur Ekzembildung kommen.

Übergroße Reinlichkeit ist ebenso falsch: Häufiges Baden schadet nicht nur der Haarstruktur, denn das harte Deckhaar wird weich und verliert, sofern kein rückfettendes Shampoo verwendet wird, seine Fähigkeit Schmutz abzuweisen, es schadet auch der Haut, denn deren natürlicher Säuremantel kann geschädigt werden, was eine stärkere Entzündungsneigung zur Folge hat.

Um Verklebungen am Barthaar zu vermeiden, sollte das Haar im Schnauzenbereich nach jedem Fressen gereinigt werden, außerdem sollte es selbstverständlich sein, daß die Afterregion nach jedem „Geschäft" kontrolliert und gegebenenfalls gesäubert wird.

Regelmäßige Fellpflege, die aufgrund des Massageeffektes über eine bessere Durchblutung der Haut der Haarqualität auch indirekt zugute kommt, ist durch sporadische Großeinsätze nicht zu ersetzen – und nur wenn sich unser Cairn einmal in Aas oder noch übler Riechendem gewälzt haben sollte, ist eine Dusche unter Verwendung eines rückfettenden Spezialshampoos fällig. Wird der Hund danach trockenfrottiert (fönen ist nicht wünschenswert, es sei denn, der Hund könne sein Haar nicht zugfrei trocknen) und gebürstet, so hält sich die Beeinträchtigung der Haarqualität in Grenzen.

Bei den Ohren einiger Cairn Terrier ist auf starken Haarwuchs im äußeren Gehörgang sorgfältig zu achten; er begünstigt das Entstehen von Ohrentzündungen. Die betreffenden

„Bitte lächeln!" Cairn-Terrier-Welpen auf einer englischen Postkarte

Haare müssen regelmäßig ausgezupft werden, um solche Entzündungen zu vermeiden.

Grundlagen der Erziehung und Einzelprobleme

Die Erziehung eines Hundes erfordert Konsequenz, Geduld und Einfühlungsvermögen – in dieser Hinsicht sind Hunde eben auch nur Menschen! – sowie die Kenntnis der Tatsache, daß Hunde nicht logisch denken, sondern assoziativ. Dies bedeutet schlicht, daß selbst ein intelligenter Cairn üblicherweise nicht in der Lage ist, zwei in größerem zeitlichem Abstand stattfindende Ereignisse, die in ursächlichem Zusammenhang stehen, als ursächlich zusammenhängend zu begreifen; sein Denken vollzieht sich vielmehr in der Form, daß er zwei zeitlich unmittelbar aufeinanderfolgende Ereignisse in der Regel als zusammengehörig betrachtet.

Dieser Umstand hat für die Erziehung von Hunden weitreichende Konsequenzen:

Das Strafen eines Hundes ist nur sinnvoll, wenn man ihn beim Begehen oder unmittelbar nach Begehen einer Missetat ertappt.

Als Strafe geeignet sind ein scharfer „Anpfiff" und Schütteln des Hundes mit festem Griff im Nackenfell. Auf diese Weise lernt der Hund sehr schnell, was er darf und was er nicht darf. Schläge sind als Strafe denkbar ungeeignet, ein leichter Klaps kann jedoch unter Umständen vertretbar sein.

Um einem Hund klar zu machen, was er zu tun hat, ist ein unmittelbar nach der Leistung gespendetes Lob, unter Umständen auch in Form von Leckereien, das gebotene Mittel. Wer seinen Hund zehnmal vergeblich zu sich gerufen hat, muß ihn, selbst wenn das Stimmungsbarometer auf Orkan steht, intensiv loben, wenn er denn gütigerweise beim elften Mal tatsächlich kommt. Wer in einer solchen Situation die Selbstbeherrschung verliert und seinen Hund in dem Moment, in dem er zu ihm gekommen ist, bestraft, bewirkt damit nur, daß der Hund „auf Befehl zu Herrchen kommen" mit „bestraft werden" verbindet. Ein solcher Hund wird seinen „Erzieher" in vergleichbaren Situationen nur noch mit Sicherheitsabstand umkreisen, was unter anderem das Anleinen ganz außerordentlich erschwert. Mit der Hand geprügelte Hunde können sogar handscheu werden.

Zur Konsequenz bei der Erziehung eines so pfiffigen Hundes, wie es der Cairn Terrier ist, gehört auch, daß man geduldig das Befolgen einer einmal gegebenen Anordnung herbeiführt und daß man für ein und dieselbe Anordnung auch stets ein und dasselbe Kommando bei entsprechendem Tonfall verwendet. Ein

Wartet, bis wir draußen sind! Zwei typvolle holländische Cairn-Terrier-Welpen

Cairn lernt so sehr schnell, wer der Rudelführer ist – insbesondere dann, wenn dieser beim Erziehen seines Cairn Terriers klug genug ist, nur dann einen Befehl zu geben, wenn er ihn auch durchsetzen kann.

Im übrigen: Wer nicht sofort mit der Erziehung seines Cairn Terriers beginnt, darf sicher sein, von ihm erzogen zu werden. Hundeerziehung läßt sich nun einmal nicht aufschieben. Es ist kaum möglich, einem Hund klar zu machen, daß Dinge, die zwei Wochen lang geduldet oder gar mit Entzücken verfolgt wurden, plötzlich verboten sein sollen.

Obwohl über die Erziehung zur Stubenreinheit bei manchen Kynologen recht seltsame Vorstellungen bestehen, ist sie üblicherweise nicht mit Schwierigkeiten verbunden. Entscheidend ist, daß man sich einige Tage Zeit nimmt, den gerade erworbenen Welpen genau zu beobachten und die zeitliche Abfolge seiner Bedürfnisse kennenzulernen, denn kleine und vor allem größere Geschäfte kommen nicht aus heiterem Himmel. Die Erfahrung lehrt, daß man mit folgender Faustregel in relativ kurzer Zeit sicher zum Erfolg kommt: Wer mit dem Welpen nach jedem Fressen, nach jedem Schlafen, zwischendurch spätestens nach jeweils 1 $^{1}/_{2}$ bis 2 Stunden und dazu abends so spät und morgens so früh wie möglich nach draußen an den Ort geht, der auf Dauer sein Löseplatz sein soll, dort genügend Geduld für den Hund aufbringt und ihn nach Erledigung seiner Geschäfte ausgiebig lobt, hat sehr bald einen stubenreinen Hund, der anzeigt, wann er „muß".

War der Welpe bei seinem Züchter daran gewöhnt, sich auf Zeitungspapier zu lösen, wobei die Zeitungsfläche im Laufe der Zeit immer kleiner wurde, so empfiehlt es sich grundsätzlich, dieses Verfahren insoweit beizubehalten, als man dem Welpen die Zeitung zunächst als Löseplatz läßt (im Idealfall auf dem Balkon oder auf der Terrasse). Trotzdem sollte der Hund zu den schon genannten Anlässen und Zeiten regelmäßig nach draußen geführt werden, und zwar möglichst an einen Ort, dessen Untergrund dem Auslauf des Welpen beim Züchter ähnelt. Der Welpe wird sich recht bald daran gewöhnen, seine Geschäfte draußen zu verrichten, da er den natürlichen Trieb hat, seine Behausung sauber zu halten – ganz davon abgesehen, daß es draußen interessanter riecht.

Wenn man feststellt, daß ein Welpe sich nach dem Fressen oder Schlafen mit suchendem Schnüffeln unter auffälligen Drehungen niederhockt, kann man ihn noch hochnehmen und nach draußen auf seinen Löseplatz setzen. Bei einem Welpen, der mit der Zeitungsmethode erzogen wurde, wäre es jedoch problematisch, ihn noch hoch zu nehmen, wenn er sich auf seine Zeitung gehockt hat; er könnte das so verstehen, daß er nicht mehr auf die Zeitung machen soll, was aber für nachts und für längere Zeiten des Alleinseins am Tage durchaus wünschenswert ist.

Ein wohlerzogener Cairn Terrier darf aber nicht nur seine Wohnung nicht verunreinigen, er soll sie auch bewachen und verteidigen; letzteres gilt auch für seine zweibeinigen Rudelgefährten. Es gehört zur natürlichen Ausstattung eines Cairn Terriers, dies ohne große Anleitung zu tun. Wer seinen Cairn Terrier jedoch von jedermann anfassen und streicheln läßt, darf sich nicht wundern, wenn dieser bald eine seiner durchaus schätzenswerten Gebrauchseigenschaften verliert und zu jedermanns Liebling wird.

Von der Erziehung eines Cairn Terriers bis zu seiner Ausbildung ist es, angesichts der hervorragenden Gebrauchseigenschaften des Hundes, eigentlich nur ein kleiner Schritt. Leider wird dieser Schritt nur zu selten getan.

Die Zahl der Cairn Terrier, die zu verkehrssicheren Begleithunden ausgebildet oder jagdlich geführt werden oder die Gelegenheit haben, sich mit Bravour auf Gebrauchshundeplätzen zu tummeln, ist in Deutschland leider noch gering.

Das Ausstellungswesen

Das Ausstellungswesen ist heute ein bedeutender Zweig des Hundesports, der sich zunehmender Beliebtheit erfreut. Wenn auch nicht zu verkennen ist, daß Hundeausstellungen, die angesichts ihrer kynologischen Zielsetzung besser Zuchtschauen heißen sollten, für einige vom Mittel zum Zweck der Hundezucht entartet sind, so ist ihr Wert unter sachkundigen Hundefreunden doch nach wie vor unbestritten.

Zuchtschauen sind, wie Robert Bandel gültig festgestellt hat, zuchtfördernde Einrichtungen, die das Zuchtniveau widerspiegeln und den Interessenten informieren.

Schon mancher, der als Zuschauer eine Rassehundezuchtschau besuchte, um sich einmal unverbindlich zu informieren, ist zum Liebhaber einer bestimmten Rasse und zum Halter eines Hundes dieser Rasse geworden; schon mancher, der seinen Hund einfach „nur einmal“ von einem Zuchtrichter beurteilen oder auf Bitten des Züchters die Zuchttauglichkeit seines Hundes bestätigen lassen wollte, als dies noch auf Zuchtschauen möglich war, hat sich zum begeisterten Aussteller und engagierten Züchter entwickelt.

Das Ausstellungsreglement

Für jeden, der seinen Cairn Terrier ausstellen möchte, sind gewisse Grundkenntnisse des international streng reglementierten Ausstellungswesens unerläßlich.

Die wichtigsten Gegenstände der Bestimmungen der Zuchtschauordnungen der F.C.I., des VDH und des KfT sind

- die Einteilung der Zuchtschauen,
- die Klasseneinteilung auf Zuchtschauen,
- die Formwertnoten und
- die Vergabebedingungen für Championate.

Die Einteilung der Zuchtschauen

Zuchtschauen werden in Spezialzuchtschauen, Allgemeine Rassehunde-Zuchtschauen und Internationale Rassehunde-Zuchtschauen eingeteilt.

Spezialzuchtschauen, auf denen Cairn Terrier ausgestellt werden können, veranstaltet der Klub für Terrier für die zur Zeit 26 von ihm vertretenen Terrierrassen von Anfang Februar bis Mitte Dezember an beinahe jedem Wochenende, je nach Jahreszeit in der Halle oder im Freien.

Auf diesen Zuchtschauen können, jeweils getrennt nach Rüden und Hündinnen, das CAC (Certificat d'aptitude au championnat) als Anwartschaft auf den Titel Deutscher Champion (KfT) und das Jugend-CAC als Anwartschaft auf den Titel KfT-Jugendchampion errungen werden, sofern die Spezialzuchtschau des KfT unter Terminschutz des VDH stattfindet; darüber hinaus werden auch Anwartschaften auf den Titel Deutscher Champion (VDH) vergeben.

Auf der jährlich stattfindenden Klubsieger-Zuchtschau des KfT kommen außerdem noch die Titel Klubsieger und Klubjugendsieger zur Vergabe.

Allgemeine Rassehunde-Zuchtschauen, die praktisch kaum noch veranstaltet werden, und **Internationale Zuchtschauen** sollen stets in überdachten Räumen unter Verwendung von Boxen und Käfigen durchgeführt werden.

Diese Ausstellungen haben stets den VDH-Terminschutz, Internationale Zuchtschauen, von denen in der Bundesrepublik Deutschland jährlich etwa zwölf bis fünfzehn veranstaltet werden, zusätzlich die Anerkennung der F.C.I.

Auf Internationalen Zuchtschauen kann, über die schon genannten Anwartschaften hinaus, noch das begehrte CACIB (Certificat d'aptitude au championnat international de beauté), die Anwartschaft auf das Internationale Schönheitschampionat, vergeben werden. Weltweites Ansehen haben sich inzwischen Deutschlands berühmteste Internationale Rassehunde-Zuchtschauen, die VDH-Europasieger- und die Bundessieger-Zuchtschau, erworben.

Die hier vergebenen Tagestitel VDH-Europasieger und VDH-Europajugendsieger sowie Deutscher Bundessieger und Bundesjugendsieger werden mit Recht hochgeschätzt.

Die Klasseneinteilung

Auf Zuchtschauen werden die Hunde, getrennt nach Rüden und Hündinnen, in verschiedenen Klassen gerichtet; jeder Hund darf nur in einer Klasse gemeldet werden. Für Terrierrassen, die vom KfT vertreten werden, gilt folgende Einteilung:

Jüngstenklasse. Für Terrier im Altervon sechs bis neun Monaten.

Jugendklasse. Für Terrier im Alter von 9 bis 18 Monaten.

Offene Klasse. Für alle Terrier mit einem Mindestalter von 15 Monaten.

Gebrauchshundklasse. Für alle Terrier, die mindestens 15 Monate alt sind und ein Ausbildungskennzeichen erworben haben.

Championklasse. Für Terrier, die mindestens 15 Monate alt sind und einen anerkannten Champion- oder Siegertitel errungen haben.

Zuchtklasse. Für Terrier, die mindestens 15 Monate alt und zur Zeit der Ausstellung ohne Unterbrechung Eigentum des Züchters sind.

Die Zuchtklasse wird nur auf den Spezialzuchtschauen des KfT eingerichtet; auf Internationalen Zuchtschauen sind Hunde, die auf KfT-Schauen in dieser Klasse gemeldet werden können, in der Offenen beziehungsweise Championklasse zu melden.

Zu beachten ist weiterhin, daß auf Spezialzuchtschauen des KfT nur in der Offenen, Gebrauchshund- und Championklasse gemeldete Hunde um das CAC konkurrieren können; auf Internationalen Zuchtschauen stehen die Hunde aus der Offenen, der Gebrauchshund- und der Championklasse im Wettstreit um das CACIB.

Gratuliert mir, ich habe gewonnen (Ch. Mount Button Night Porter)

Darüber hinaus besteht auf Spezialzuchtschauen des KT noch die Möglichkeit, Hunde in der Ehrenklasse, der Veteranenklasse oder „außer Konkurrenz" starten zu lassen Terrier, die in diesen Klassen entsprechend den Bestimmungen der Zuchtschauordnung der KfT gemeldet sind, erhalten zwar auch Formwertnoten oder werden plaziert, konkurrieren aber nicht um die Anwartschaften.

Die Formwertnoten

Nach Artikel 19 des Ausstellungsreglements der F.C.I. müssen sich die Zuchtrichter in ihrem Urteil streng an den Standard der zu richtenden Rasse halten, wie er von der F.C.I. veröffentlicht ist. Sie können folgende Formwertnoten vergeben: Vorzüglich, Sehr gut, Gut, Genügend, Nicht genügend.

Vorzüglich darf nur einem Hund zuerkannt werden, der dem Idealstandard der Rasse sehr nahe kommt, in ausgezeichneter Verfassung vorgeführt wird, ein harmonisches, ausgeglichenes Wesen ausstrahlt, der „Klasse" und eine hervorragende Haltung hat. Seine überlegenen Eigenschaften seiner Rasse gegenüber werden kleine Unvollkommenheiten vergessen machen, aber er wird die typischen Merkmale seines Geschlechts besitzen.

Sehr gut wird nur einem Hund zuerkannt, der die typischen Merkmale seiner Rasse besitzt, von ausgeglichenen Proportionen und in guter Verfassung ist. Man wird ihm einige verzeihliche Fehler nachsehen, jedoch keine morphologischen. Dieses Prädikat kann nur einem Klassehund verliehen werden.

Wer sich als Aussteller eines Cairn Terriers die Anforderungen, die die Formwertnote „Sehr gut" an einen Hund stellt, vor dem Hintergrund der Bestimmungen des Rassestandards einmal kritisch vor Augen führt, müßte eigentlich über diese Note sehr glücklich sein, denn sie darf nur einem Klassehund verliehen werden.

Das „Vorzüglich" hingegen muß wirklichen Spitzenhunden vorbehalten bleiben, will man seine Aussagekraft nicht verfälschen – oder, um mit Peter Beyersdorf zu sprechen: Nicht jeder schöne Hund kann ein „V" bekommen.

Im übrigen ist das Richterurteil grundsätzlich verbindlich und unanfechtbar; es sollte in sportlicher Haltung akzeptiert werden. Einer der bedeutendsten englischen Kynologen, W. L. McCandlish, hat schließlich schon 1909 mit dem ihm eigenen Sarkasmus für seine Lieblingsrasse die durchaus generalisierbare Feststellung getroffen: „Die Rasse wird häufig von Personen gerichtet, die bei ihrem Urteil besonderes Gewicht auf

Punkte legen, die für die Rasse von Bedeutung sind, die sie am besten kennen. – Diese Richter geben ihr Bestes, und ich habe nicht die Absicht, sie unter Beschuß zu nehmen, aber ich würde gern alle Züchter erschießen, die Hunde züchten, die solchen Richtern gefallen."

Die Vergabebedingungen für Championate

Für die wichtigsten Championtitel, die Cairn Terrier erringen können, gelten folgende Vergabebedingungen:

KfT-Jugendchampion. In der Jugendklasse müssen unter mindestens drei verschiedenen Richtern in mindestens zwei KfT-Landesgruppen vier Anwartschaften (Jugend-CACs) erworben werden.

Deutscher Champion (KfT). Unter mindestens drei verschiedenen Richtern müssen in mindestens zwei KfT-Landesgruppen vier Anwartschaften (CACs) erworben werden, davon mindestens eine auf einer Internationalen oder der Klubsieger-Zuchtschau. Zwischen der ersten und der letzten Anwartschaft müssen mindestens 12 Monate und 1 Tag liegen.

Deutscher Champion (VDH). Es müssen vier bestätigte Anwartschaften auf das VDH-Championat (VDH-CAC) vorgelegt werden; mindestens zwei müssen auf einer Inter-

Unter den prüfenden Blicken der Richterin auf einer KfT-Ausstellung

Ch. Hydecastle Little Lord, ein erfolgreicher Rüde aus Österreich

nationalen Rassehunde-Zuchtschau erworben sein, zwei weitere können auf Spezialzuchtschauen, die vom VDH geschützt sind, errungen werden. Zwischen der ersten und der letzten Anwartschaft müssen mindestens 12 Monate und 1 Tag liegen.

Internationaler Champion. Es müssen vier durch die F.C.I. bestätigte CACIB unter drei verschiedenen Richtern in drei verschiedenen Ländern errungen werden, davon eines im Heimatland des Hundeeigentümers oder im Ursprungsland der Rasse.

Zwischen dem ersten und dem letzten CACIB muß ein zeitlicher Zwischenraum von mindesten einem Jahr und einem Tag liegen.

Die Vorbereitung eines Cairn Terriers für die Ausstellung

Um mit einem Cairn Terrier Ausstellungserfolge erringen zu können, sind Kenntnisse des Ausstellungsreglements zwar wichtig – entscheidend für den Erfolg ist indessen die Beurteilung des Hundes im Ausstellungsring. Mit einem Cairn Terrier, der in Konstitution und Wesen dem Rassestandard möglichst vollkommen entspricht, hat man sicherlich eine wichtige Voraussetzung für hervorragende Beurteilungen geschaffen, doch um auf Dauer ganz vorn zu stehen, muß auch ein Spitzenhund stets

Ch. Mount Button
Queenie Sue

in bester Verfassung im Ring präsentiert werden.

Damit ein Cairn Terrier in bester Kondition im Ring vorgeführt werden kann, benötigt er ein angemessenes Trimming, ein sorgfältiges Training und gekonntes Handling. Trimming, Training und Handling erfordern beim Cairn Terrier neben der souveränen Beherrschung des Rassestandards einen sicheren Blick für die Qualität eines Hundes dieser Rasse, Einfühlungsvermögen in die Persönlichkeit eines Cairn Terriers, viel Geduld und konsequente Arbeit.

Das Trimming

Bevor man sich daran gibt, einen Cairn Terrier zu trimmen, sollte man sich vor Augen halten, daß es durchaus nicht immer unumstritten war, ob ein Cairn Terrier überhaupt getrimmt werden sollte. Hinter diesem Streit steht die – von allen Beteiligten glücklicherweise unumstrittene – Auffassung, daß ein Cairn in Ausstellungskondition nie „zurechtgemacht“, geschweige denn „übertrimmt“ wirken darf.

Nichtsdestoweniger, ein maßvolles Trimming ist auch beim Cairn dringend anzuraten, wobei die Kunst eben darin besteht, das rechte Maß zu finden. Im übrigen ist die Auffassung, der Cairn Terrier sei in früheren Jahren nicht getrimmt worden, nachweislich falsch. Es sind bereits in „Hutchinson's Dog Encyclopaedia“ einige eindeutig zurechtgemachte Cairns abgebildet.

Die Forderung des Rassestandards nach einer „natürlichen“ Erscheinung zeichnet für das Trimming bereits ein gutes Bild des Cairn Terriers. Er sollte sich deutlich von den stark zu trimmenden Rassen wie Scottish und West Highland White Terrier unterscheiden.

Wie sehen also das korrekte Trimming und die richtige Pflege eines Cairns aus? Um mit Allick Hogg, einem exzellenten Kenner dieser Rasse, zu sprechen: Tägliches Bürsten und Kämmen reichen aus, um einen Cairn rassegerecht zu „pflegen“. Das „Trimmen“ dagegen ist eine andere und etwas kompliziertere Angelegenheit.

Es erfordert nämlich ein ausreichendes Grundwissen über die Anatomie des Cairn Terriers. Je fundierter dieses Wissen ist, desto genauer kann man erkennen, welche Ergebnisse beim Trimmen anzustreben sind.

Zunächst einmal muß deutlich gesagt werden, daß das Trimming des Cairn Terriers ausschließlich mit Daumen und Zeigefinger durchgeführt werden soll. Eine Schere darf nur zum Umschneiden der Pfoten verwendet werden. Diese Methode des Trimmens ist zwar recht mühsam, jedoch sehr effektiv. Um sich die Arbeit ein wenig zu erleichtern, kann man Daumen und Zeigefinger mit etwas Kreide einreiben oder man benutzt dünne Untersuchungs-Gummifingerlinge. So kann das tote Haar beim Auszupfen besser gefaßt werden.

Man beginnt zweckmäßigerweise mit dem Herausarbeiten der „Oberen Linie“ (1), das heißt sämtliche längeren Haare, die über eine gedachte Linie herausragen, werden ausgezupft. Hierbei sollte bereits darauf geachtet werden, daß ein nicht ganz korrekter Rutensitz durch geschicktes Auszupfen auf der Kruppe (2) optisch etwas korrigiert werden kann. Der Rücken sollte vom Widerrist (3) bis zur Kruppe eine waagerechte Linie bilden. Vom Nacken aus wird ein fließender Übergang zum Rücken und zu den schräg liegenden Schultern (4) geschaffen. Sind die Schultern sehr massig, so muß auch hier ausgedünnt werden. Die Vorderläufe (5) sollten gerade und mit dichtem, festem Haar bedeckt sein. Entsprechend muß langes Haar ausgezupft und eventuell optische Korrekturen durch geschicktes Zupfen vorgenommen werden.

Ebenso wie an den Schultern wird im Bereich der Kruppe ein gleichmäßiger Übergang zu den Oberschenkeln (6) herausgearbeitet. Die Rute (7) wird wie eine umgedrehte Karotte von der Schwanzwurzel bis zur Spitze getrimmt. Hierbei muß man vermeiden zu viel wegzutrimmen, weil dann die Rute zu dünn und dürftig aussieht. Hat man die Hinterläufe (8) gezupft, wobei darauf geach-

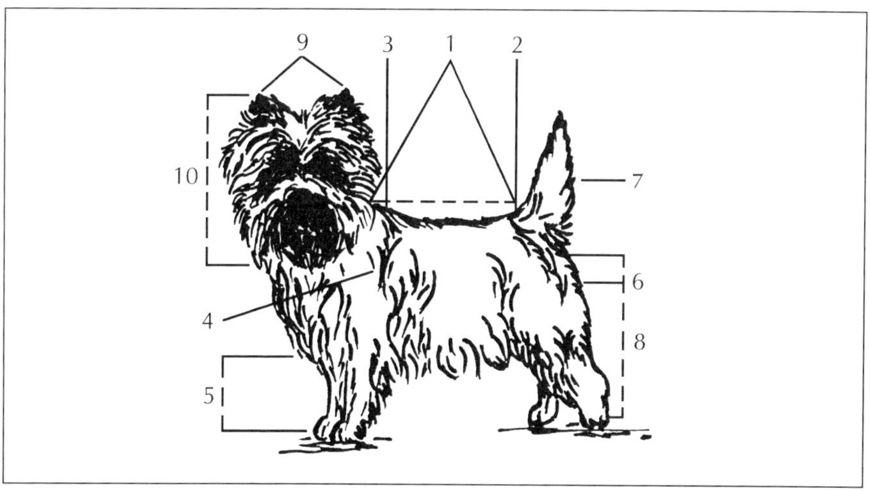

Das Trimming

Korrektur der Vorderhand durch Trimming.

Korrektur der Hinterhand durch Trimming.

A Vorderansicht

B Rückansicht

Zum Vergleich: Rechte Seite des Hundes ungetrimmt – linke Seite getrimmt.

tet werden muß, die Winkelungen nicht zu sehr zu betonen und kein „Höschen" stehen zu lassen, so kontrolliert man zum Schluß die Länge der Fußnägel vorne und hinten und schneidet gegebenenfalls überstehendes Haar rund um die Pfoten mit einer Schere ab. Auch bei der Hinterhand können durch geschicktes Trimming anatomische Fehlstellungen optisch etwas korrigiert werden.

Nun zum letzten Abschnitt, dem Kopf und der Halskrause (10). Die Ohren (9) werden zur Spitze hin abgetrimmt und zwar nur das obere Drittel. Die Rückseite des getrimmten Drittels sollte sich samtig anfühlen. Die restlichen zwei Drittel verbleiben in natürlichem Zustand. Nicht unbedingt zum Trimming, aber zur Pflege gehört es, übermäßig lange Haare aus dem äußeren Gehörgang mit einer stumpfen Pinzette zu entfernen.

Alle Haare des Kopfes und der Halskrause werden nach vorn gekämmt oder gebürstet und alle länger überstehenden Haare herausgezupft. Zum Schluß wird der Übergang vom Unterkiefer zum Hals noch leicht übergetrimmt.

Ist dies alles getan, läßt man sich den Hund am besten von einer anderen Person an der Leine vorführen. So kann man ihn sorgfältig beobachten und wird auf diese Weise feststellen können, wo noch etwas zu tun ist.

Zu einem perfekten Ausstellungstrimming gehören selbstverständlich auch die Kontrolle des Gebisses und das Entfernen eventuell vorhandenen Zahnsteins. Auch Cairns, die nicht auf einer Ausstellung gezeigt werden, sollten ein wenig zurechtgemacht sein. Ohren, Rute und die Pfoten müssen häufiger gezupft werden. Gründliches Trimming des Kopfes und des Körpers ist meistens nur einmal im Jahr zur Zeit des Haarwech-

Wurfgeschwister

sels im Frühjahr beziehungsweise im Herbst notwendig.

Grundkenntnisse über das Trimming des Cairns sollte sich jeder Neuling bei einem erfahrenen Züchter durch häufiges Zuschauen aneignen. Mit etwas Geschick kann jeder die notwendigsten Handgriffe lernen und somit seinen Cairn immer rassetypisch aussehen lassen, soweit dies durch Trimmen erreichbar ist.

Training

Eben so wichtig wie ein gutes Trimming ist ein sorgfältiges Training des Hundes für den Ausstellungsring. Sicherlich gibt es unter den Cairn Terriern zahlreiche Hunde, zu deren natürlicher Ausstattung es gehört, nach der Devise aufzutreten: „Hier bin ich – und hier ist vorn!“.

Doch selbst solche Hunde, denen unschwer anzusehen ist, daß es sich um „geborene Zeiger“ handelt, müssen ein gründliches Ringtraining durchlaufen haben, um sich in großen Wettbewerben an der Spitze behaupten zu können.

Dieses Training muß bereits im Welpenalter beginnen. Schon im zarten Alter von sechs Wochen sollte dem für eine Ausstellungskarriere vorgesehenen Welpen regelmäßig besondere Zuwendung zuteil werden, weil der unmittelbare körperliche Kontakt das Vertrauen des Welpen zur Bezugsperson fördert; und dies drückt sich regelmäßig in größerer Lernfreude und Lockerheit, zumindest aber in unverkrampftem Verhalten aus. Das wiederum erleichtert es ungemein, bereits den Welpen dazu zu bringen, daß er sich ohne Widerstand auf einen Tisch stellen, sich abtasten und sein Gebiß prüfen läßt.

Außerdem muß der Welpe im Haus schon früh an alle Umweltgeräusche gewöhnt werden, damit er später im Ring die ungewohnte Geräuschkulisse gelassen erträgt. Schließlich ist er mit der Leine vertraut zu machen, wobei eine leichte Vorführleine gute Dienste leistet. Manche Welpen traben an dieser Leine gleich munter los, andere bocken oder toben und müssen sich erst einige Zeit an lockerer Leine bewegen können. Geduld und Konsequenz sind dann gefordert, um das angestrebte Erziehungsziel zu erreichen – aber auch sehr viel Fingerspitzengefühl, denn einerseits muß der Welpe erkennen können, daß das obere Ende der Leine bestimmt, wo es lang geht, andererseits darf er nicht überfordert werden. Regelmäßige kürzere Übungen sind daher angezeigt. Dank der Gelehrigkeit des Cairn werden jedoch sehr bald beachtliche Erfolge sichtbar.

Ist dieser Ausbildungsabschnitt erfolgreich abgeschlossen, so steht dem Kennenlernen der außerhäuslichen Umwelt nichts mehr im Wege. An

Zwei nahe Verwandte, die sich prächtig verstehen (Cairn Terrier Uljana von der Mönchsburg und Westie Peppermint Zizi)

der Leine lernt unser Cairn nun, bei Verkehrslärm und durch dichte Menschenansammlungen sich voller Vertrauen in seinen Begleiter auf der Straße zu bewegen. Außerordentlich erleichtert wird diese Übung, wenn anfangs ein erfahrener älterer Hund an der Seite des Junghundes mitmacht.

Sehr wichtig ist es, mit dem jungen Cairn fortwährend in Sprachkontakt zu bleiben, ihn zu loben, zu ermuntern und ihm das Gefühl zu geben, stets sicher und beschützt zu sein. Gleichzeitig sollte man beobachten, bei welchem Tempo und in welchen Situationen er dazu neigt, sich selbst in bester Haltung zu präsentieren, insbesondere in Gegenwart anderer Hunde, und bei welcher Gelegenheit es ratsam ist, durch einen kurzen, scharfen Ruck an der Leine anzuzeigen, wer darüber entscheidet, was zu tun ist.

Ein gut trainierter Cairn, der selbstbewußt auftritt und gute Ringmanieren zeigt, erleichtert dem Handler (Vorführer) die Arbeit und trägt selbst Entscheidendes zum Gelingen seines Auftritts bei.

Handling

Zum sorgfältigen Trimming und Training muß noch gekonntes Handling kommen, um einen Cairn Terrier bestmöglich vorzuführen – was beim Cairn, anders als bei den meisten der übrigen Terrierrassen, die im Ring regelrecht „aufgebaut" werden, im Idealfalle heißt, den Hund so vorzuführen, daß er sich selbst bestmöglich präsentiert.

Handling ist also das Vorführen des Hundes im Ring. Professionelle Handler gehören in England zum Ausstellungsalltag, und Cairn Terrier zählen zu den Rassen, deren Vorführen im Ring soviel Können erfordert, daß sie häufig von Professionals gehandelt werden. Rowland Johns weist in seinem 1932 erschienenen Buch „Our Friend the Cairn" ausdrücklich darauf hin, daß insbesondere Cairn Terrier häufig von Handlern vorgeführt wurden. Es ist in der Tat eine Kunst, einen vorzugsweise an lockerer Leine geführten Cairn Terrier in einer starken Konkurrenz

- dazu zu bewegen, sich selbst so aufzubauen, daß seine anatomischen Vorzüge bestmöglich zur Geltung kommen,
- in der Bewegung optimal zu „bringen", das heißt, ihn in exakt dem

Im Ausstellungsring

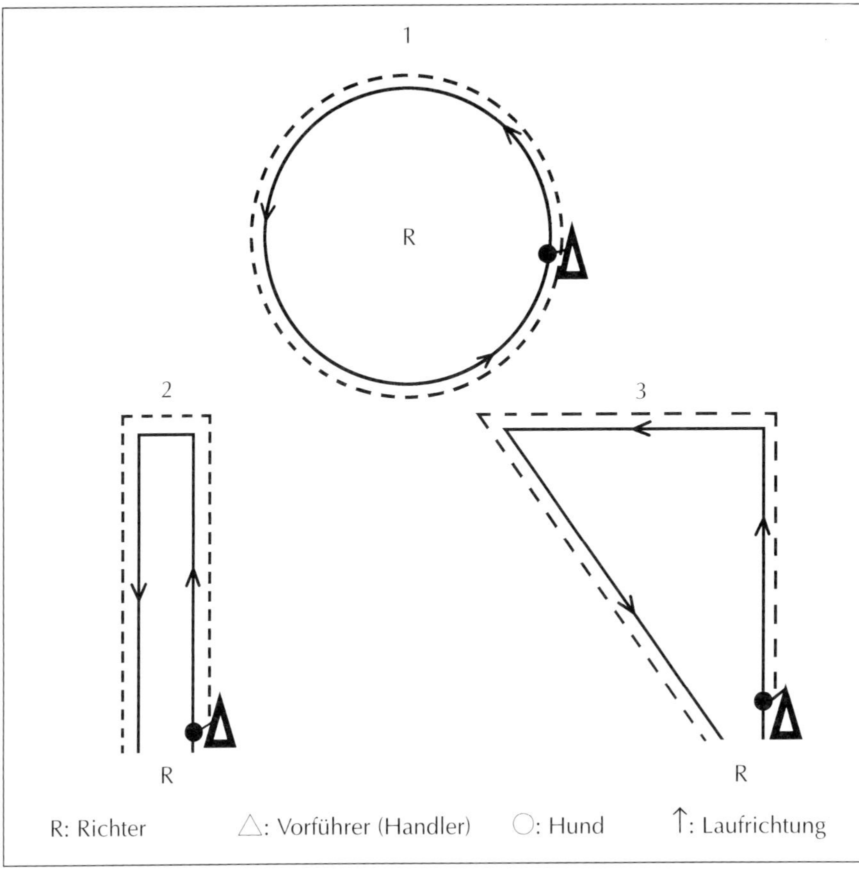

Zur Beurteilung des Gangwerkes wird der Hund, linker Hand geführt, dem Richter je nach Aufforderung im Kreis (1), in der Geraden (2) oder im Dreieck (3) vorgeführt

Tempo vorzuführen, in dem er ein freies, möglichst raumgreifendes, kraftvolles Gangwerk in möglichst paralleler Bewegung zeigt,

- fortwährend so zu motivieren, daß er ständig mit Begeisterung bei der Sache ist und so auch durch seine Ausstrahlung, seine „Persönlichkeit“, für sich einnimmt.

All dies setzt absolute Vertrautheit mit dem vorzuführenden Hund voraus. Nicht umsonst hat ein führender englischer Handler erklärt: „Wir müssen lernen, die Persönlichkeit unseres Hundes zu erkennen und zu respektieren, dann wird er, wenn er die nötige Klasse hat, vielleicht auch für uns siegen."

Wer ohne eine Ausbildung zum Handler genossen zu haben, seinen Cairn im Ausstellungsring vorführt, und das ist in Deutschland – und zunehmend auch im Mutterland der Rasse (Großbritannien) – die bei weitem überwiegende Zahl der Aussteller, sollte zumindest eines sicherstellen: daß ihn sein Cairn auch in der Rolle des Vorführers respektiert. Praktisch bedeutet das: Derjenige, der den Hund trainiert, sollte ihn auch handeln – und nicht etwa derjenige, der sich im häuslichen Kreis vornehmlich auf das Verteilen von Streicheleinheiten beschränkt. Von demjenigen, der ihn trainiert hat, wird ein Cairn Terrier im Zweifel ohne besondere Probleme akzeptieren, im Ausstellungsring vorgeführt zu werden –, beim Zuständigen für die ausschließlich angenehmen Seiten des Hundedaseins akzeptiert er das mit hoher Wahrscheinlichkeit nicht.

Perfektes Handling erfordert eine lange Zeit intensiven Lernens. Wer im Ausstellungssport zur Spitze will, muß diesen Lernprozeß auf sich nehmen und sicher sein, daß er auch über die Fähigkeit verfügt, die Persönlichkeit seines Cairn Terriers zu erfassen und zur Geltung zu bringen.

Von der Meldung zur Ausstellung

Inländische Zuchtschauen, mag es sich nun um Spezialzuchtschauen oder Internationale Zuchtschauen handeln, werden in der Regel frühzeitig in der Fachzeitschritt „Der Terrier", ausländische CACIB-Ausstellungen in „Der Terrier" und „Unser Rassehund" angekündigt.

Diese Ankündigungen enthalten als wesentliche Informationen für den Aussteller Angaben über Ausstellungstermin, Meldeschluß und Meldegebühren sowie die Anschrift des Sonderleiters, bei dem man die Meldepapiere anfordern kann. Der Name des Richters wird bei inländischen Zuchtschauen mit der Ausschreibung in „Der Terrier" veröffentlicht, bei ausländischen Zuchtschauen ist er den Meldepapieren zu entnehmen. Deren Anforderung muß so frühzeitig erfolgen, daß die ausgefüllten Meldepapiere rechtzeitig vor Meldeschluß beim Sonderleiter/Veranstalter vorliegen. Mit der Meldung sollten auch die Meldegebühren eingezahlt werden. Hat man für eine Internationale Zuchtschau gemeldet, so erfolgt eine Meldebestätigung, aus der hervorgeht, unter welcher Start-, beziehungsweise Katalognummer der Hund angenommen wurde; bei Spezialzuchtschauen wird in der Regel auf Meldebestätigungen verzichtet.

Ch. Strathinver Red Rory – ein Star im traditionsreichen Zwinger „Allerleirauh"

Am Tag der Ausstellung erscheint man möglichst früh mit allen in den Meldepapieren geforderten Unterlagen (Ahnentafel und Impfpaß; gegebenenfalls amtstierärztliche Bescheinigung und Nachweis eines Siegertitels) am Ausstellungsort. Im Handgepäck sollten sich folgende Utensilien befinden: Vorführleinen und das für den „letzten Schliff" benötigte Trimmzeug, Decke, Freßnapf und Verpflegung sowie Klappstühle, da es auf Ausstellungen meistens an Sitzgelegenheiten mangelt.

Am Eingang des Ausstellungsgeländes wird der Hund vom Tierarzt kurz untersucht. Der Aussteller erhält die Ausstellungsunterlagen (Katalog und Startnummer) und läßt sich mit Cairn und Ausstellungsgepäck an einer geeigneten Stelle des Ausstellungsgeländes, zweckmäßigerweise nicht zu weit vom Ausstellungsring entfernt, nieder. Danach erkundigt sich der umsichtige Aussteller nach dem ungefähren Zeitpunkt des Cairn-Richtens, überprüft die Katalogangaben über seinen Hund, insbesondere die Zuchtbuchnummer und die Klasseneinordnung, läßt gegebenenfalls notwendige Korrekturen vornehmen und gibt dann seinem Hund den letzten Schliff.

Den Ring betritt man erst nach Aufruf der Startnummer beziehungsweise der gemeldeten Klasse und folgt im Ring den Anordnungen des Richters. Es sollte selbstverständlich sein, daß man dem Richter seinen Cairn ohne jede Manipulation sachlicher oder sprachlicher Art zur Begutachtung vorstellt, denn jede verbotene Exterieurveränderung (Färben, Ruten- und Gebißkorrekturen) und jede persönliche Beeinflussung des Richters sind ein Disqualifikationsgrund.

Nach Beendigung des Formwertrichtens sollte ein Aussteller bis zum Ende der Veranstaltung anwesend bleiben; vielleicht muß er es sogar, weil sein Cairn noch in den Anschlußwettbewerben konkurriert: Als Rassebester (BOB: best of breed) kann er nämlich noch bester Niederläufer und schließlich bester Hund der Ausstellung (BIS: best in show) werden.

Doch unabhängig davon, ob man am Ende eines Ausstellungstages einen Siegerpokal oder „nur“ Urkunde und Bewertungsbogen mit nach Hause nehmen kann oder ob man mit der Zeit erkennen muß, daß die Aussteller nicht übermäßig typischer Cairns offensichtlich bei vielen Zeitgenossen erheblich beliebtere Menschen sind als die Aussteller von Siegern: Das Verhältnis eines Ausstellers zu seinem Hund muß vollkommen unabhängig sein von erzielten Ausstellungswertungen. Wer dazu nicht in der Lage ist, sollte mit seinem Cairn keinen Ausstellungssport betreiben und einmal gründlich über seine Eignung als Hundehalter nachdenken.

Züchten – ja oder nein?

Die Zucht von Cairn Terriern erfordert, wie jedes Züchten von Rassehunden, neben viel Zeit und Platz

- ein hohes Maß an Verantwortung für Tiere und Rasse,
- die Beachtung der Zuchtbestimmungen des zuständigen Rassezuchtvereins (KfT),
- solide Kenntnisse der Vererbungslehre und der zuchtrelevanten Bereiche von Tiermedizin und Verhaltensforschung sowie
- die Fähigkeit, diese Kenntnisse auch praktisch umsetzen zu können.

Zuchtverantwortung

Wer aus Verantwortung für die Gesundheit seines Cairn Terriers glaubt, mit ihm auch einmal züchten zu müssen, kann darauf getrost verzichten: Es ist weder für die Gesundheit noch für die Wesensentwicklung von Rü-

Ein kräftiger, nur wenige Tage alter Wurf

den oder Hündinnen notwendig oder sinnvoll, sie einmal decken beziehungsweise werfen zu lassen, die meisten dürften bei diesem ersten und einzigen Mal nämlich erst richtig auf den Geschmack kommen. Wer aus anderen Erwägungen züchten und damit die Zahl der Cairn Terrier vergrößern will, sollte sich jedoch der tatsächlichen Verantwortung bewußt sein, die er mit dieser Entscheidung übernimmt:

- der Verantwortung für die Zuchthündin, die durch Trächtigkeit, Geburt und Aufzucht der Welpen zumindest keinen Schaden nehmen darf,
- der Verantwortung für die Welpen, die artgerecht aufgezogen und für die gute Hände, möglichst „doggie people" (echte Hundeleute) gefunden werden müssen, und
- der Verantwortung für die Rasse, denn nur wer sich bemüht, aus wirklich guten Zuchthunden eine neue Cairn-Generation zu züchten, die mindestens die Qualität der Elterngeneration, möglichst aber eine höhere aufweist, und damit zu einer stetigen Verbesserung der Rasse insgesamt beiträgt, kann beanspruchen, als Züchter und nicht nur als Vermehrer zu gelten.

Leider werden von sich selbst so genannte Züchter, die sich nach erfolglosem Bemühen um andere Rassen nun dem populär gewordenen Cairn Terrier zuwenden, um sich hier mit bloßer Vermehrung zu begnügen oder gelegentlich sogar vom verantwortlichen Rassezuchtverein zu verlangen, die Zuchtanforderungen auf ein niedrigeres Niveau zu senken, immer häufiger. Wer nicht bereit ist, im Sinne des Rassestandards schöne, wesensfeste und gesunde Terrier zu züchten, sollte anstelle der Hundezucht tunlichst ein anderes Hobby wählen.

Die Zuchtbestimmungen des KfT für Cairn Terrier

Nur solche Cairn Terrier, deren Reinrassigkeit durch eine anerkannte Ahnentafel nachgewiesen ist, gelten als Rassehunde. Vom KfT werden nur Cairn Terrier mit anerkannter Ahnentafel zur Zucht zugelassen.

Darüber hinaus hat der KfT zur Förderung eines hohen Zuchtniveaus, zum Schutze der Zuchthündinnen im Sinne des Tierschutzgesetzes und zur Sicherung der artgerechten Haltung der Hunde Zuchtbestimmungen erlassen, die für den Cairn Terrier folgendes vorschreiben:

Vor der Zuchtverwendung müssen Rüde und Hündin eine vom KfT ausgerichtete Zuchtzulassungsprüfung bestanden haben. Der dort gefertigte Prüfungsbericht ist ein ebenso wichtiges wie informatives Zuchtdokument. Wird ein Cairn Terrier sogar angekört, dann ist dies eine besondere Zuchtempfehlung.

Hündinnen dürfen vom vollendeten 15. Lebensmonat an bis zum vollendeten 8. Lebensjahr, Rüden vom vollendeten 9. Lebensmonat an ohne obere Altersbegrenzung zur Zucht verwendet werden.

Hat eine Hündin mehr als vier Welpen geworfen und aufgezogen, so unterliegt sie einer Zuchtpause von zwölf Monaten (gerechnet von Decktag zu Decktag); bei nicht mehr als vier Welpen darf sie bei der nächsten Hitze wieder belegt werden, um danach, unabhängig von der Größe dieses Wurfes, ein Jahr Zuchtpause zu erhalten. Demnach darf eine Cairn-Hündin keinesfalls mehr als drei Würfe in zwei Jahren haben. Über den Deckakt muß der Eigentümer des Deckrüden eine KfT-Deckbescheinigung ausstellen.

Die Welpen dürfen frühestens mit acht Wochen abgegeben werden. Zuvor muß ein KfT-Zuchtwart den Wurf zweimal besichtigt und abgenommen sowie die Welpen mit ihrer Zuchtbuchnummer tätowiert haben. Bei der zweiten Wurfabnahme ist der Zuchtwart verpflichtet, einen Wurfmeldeschein mit einem detaillierten Bericht auszufertigen, aufgrund dessen nach Bearbeitung durch den Klubzuchtwart vom Zuchtbuchamt des KfT die Ahnentafeln ausgestellt werden. Die Ahnentafel gehört zum Hund.

Cairn-Terrier-Welpen

Neben den normalen Ahnentafeln des KfT gibt es noch

- Auslese-Ahnentafeln, wenn beide Eltern und ein Großelternteil mindestens fünfmal mit der Formwertnote „vorzüglich“ beurteilt wurden, und
- Champion-Nachzucht-Ahnentafel, wenn beide Eltern und ein Großelternteil jeweils den Titel „Deutscher Champion (KfT)“ führen und
- Körzuchtahnentafeln, wenn beide Eltern angekört sind.

Ein Durchschlag des Wurfmeldescheins und des Zuchtwartberichtes, ohne die keine Ahnentafel ausgestellt werden kann, muß beim Züchter verbleiben. Da dieser Schein auch Angaben über die Aufzucht (zum Beispiel regelmäßiges Entwurmen), Impfungen (Staupe-, Hepatitis-, Leptospirose- und Parvovirusvaccinen) und eventuelle zum Zeitpunkt der zweiten Wurfabnahme feststellbare Fehler der Welpen enthalten sollte, tut ein Welpenkäufer letztlich gut daran, Einsicht in dieses Dokument der Zuchtkontrolle zu nehmen.

Die Zuchtbestimmungen des KfT sind sicherlich geeignet, die Zucht von Cairn Terriern zu fördern, ohne zu weit in die Eigenverantwortung der Züchter einzugreifen. Was die Zuchtzulassung für Rüden anbetrifft, wären zusätzliche Verschärfungen allerdings vertretbar; diese Feststellung ist im übrigen durchaus mit der Erkenntnis vereinbar, daß die eigentliche Stärke eines Zwingers in seinen Hündinnen besteht. Oder anders – und etwas vereinfachend – ausgedrückt: Die Stärke einer Rasse liegt in ihren Rüden, die Stärke eines Zwingers in seinen Hündinnen.

Schließlich wäre es empfehlenswert, wenn sich ein angehender Züchter neben den speziellen Zuchtbestimmungen des KfT noch mit den Vorschriften der Zuchtordnung des VDH und mit dem „Zuchtrecht von Bern“, dem internationalen Zuchtreglement der F.C.I. von 1979, vertraut machte.

Das züchterische Grundwissen

Wer nicht zu den selten gewordenen Menschen zählt, die über gediegene Kenntnisse und praktische Erfahrungen in der Hundezucht verfügen, sollte es als seine selbstverständliche Pflicht ansehen, sich zunächst einmal auf dem Gebiet der Hundezucht gründlich sachkundig zu machen, ehe er Zuchtverantwortung für diese Art von Lebewesen übernimmt.

Unabdingbare Voraussetzung dafür, daß die Zucht von Rassehunden nicht zum Glücksspiel und für die betroffenen Tiere unter Umständen sogar zum lebensgefährlichen Experiment wird, ist nun einmal, daß ein Züchter über solide Grundkenntnisse der Vererbungslehre im allgemeinen

Allmählich dürfte Herrchen den Ball ja werfen

und der Vererbungsprobleme bei Hunden im besonderen verfügt, die zuchtrelevanten Bereiche der Tiermedizin hinreichend beherrscht und mit den Eigentümlichkeiten der Verhaltensentwicklung von Hunden, insbesondere ihren Entwicklungsphasen, vertraut ist.

Diese Kenntnisse kann man sich nicht durch die Lektüre weniger Zeilen, sondern nur durch gründliches Erarbeiten der einschlägigen Fachliteratur erwerben.

Hans Räbers „Brevier neuzeitlicher Hundezucht" leistet hier vorzügliche Dienste; auch „Die Vererbung des Hundes" von Burns/Fraser sollte Pflichtlektüre sein, wobei anzumerken ist, daß durch zahlreiche neuere Arbeiten über einzelne Körper- und Wesensmerkmale des Hundes und ihre Erbgrundlagen für den engagierten Züchter, der bereit ist, immer wieder dazuzulernen, inzwischen weitere Hilfen verfügbar sind. Als Pflichtlektüre einzustufen ist ebenfalls Eberhard Trumlers „Hunde ernst genommen – Zum Wesen und Verständnis ihres Verhaltens" – ein Buch, mit dem dieser in manchem sicherlich alles andere als unumstrittene Kynologe durch seine Darstellung der Verhaltensentwicklung des Hundes im Welpen- und Junghundalter Bahnbrechendes geleistet hat.

Praktische Erfahrungen lassen sich in Deutschland nur dadurch sammeln, daß man Gelegenheit erhält, bei einem erfahrenen Züchter unter Umständen helfenderweise zu lernen, denn Möglichkeiten einer praktischen Ausbildung, wie sie in England bestehen, gibt es bei uns im Bereich der Hundezucht leider noch nicht.

Ergänzend zu den grundlegenden Ausführungen der empfohlenen Fachliteratur dürften für die Zucht von Cairn Terriern indessen noch einige rassespezifische Informationen hilfreich sein:

In der Bundesrepublik Deutschland stehen inzwischen einige international hochprämierte Deckrüden, die ihre Vererberqualitäten als Väter zahlreicher Champions und Sieger eindrucksvoll nachgewiesen haben. Wer seine Zuchthündin von solchen Rüden decken lassen möchte, sollte dies mit dem Halter des Rüden nach einem eingehenden Beratungsgespräch über die geplante Verbindung rechtzeitig vereinbaren.

Der Cairn Terrier ist glücklicherweise noch ein sehr ursprünglicher Hund. Hinsichtlich des Sexualzyklus, der Trächtigkeit und des Werfens gibt es daher in der Regel keine besonderen Probleme. Dennoch sollte einigen Fakten besondere Beachtung geschenkt werden:

Bei manchen Cairnhündinnen verdickt sich die Scheide zu Beginn der Läufigkeit nur unwesentlich, und auch das „Färben" ist nur schwer feststellbar; hier sollte ein vom Tierarzt vorgenommener Scheidenabstrich Klarheit über den idealen Decktag bringen.

Selbst junge Cairnhündinnen machen beim Werfen nicht selten stundenlange Pausen zwischen den einzelnen Welpen, ohne daß dadurch jedoch Geburtskomplikationen aufträten.

Da geburtsreife Cairnwelpen am Wurftage gelegentlich schon so kräftig sind, daß sie den Geburtskanal nicht mehr passieren können (Geburtsgewichte zwischen 150 und 200 Gramm sind normal, solche zwischen 240 und 280 schon sehr selten!), sollte in jedem Falle ein Tierarzt vom mutmaßlichen Wurftermin informiert sein und spätestens am 65. Tag, gerechnet vom 1. Decktag, auch konsultiert werden, sofern bis dahin die Temperaturkurve normal verlaufen ist.

Es ist jedem Züchter dringend anzuraten, sich rechtzeitig nach einem Tierarzt zu erkundigen, der bei den glücklicherweise sehr selten notwendigen Kaiserschnitten in der Lage ist, die Narkose so zu dosieren, daß die Hündin bereits kurz nach vollendeter Operation ihre Welpen versorgen kann.

Zwei Cairn Terrier als Rauschgiftfahnder im Dienst der Britischen Armee

Die durchschnittliche Wurfstärke von Cairn Terriern liegt bei vier Welpen, am häufigsten fallen Würfe mit vier, drei und fünf Welpen. Während auch Würfe mit einem oder zwei Welpen nicht gerade selten sind, bilden 6er-, 7er- und 8er-Würfe die großen Ausnahmen.

Die speziellen Wesensmerkmale des Cairn Terriers erfordern es, daß sich ein Cairn-Züchter während der Prägungsphase (vierte bis siebte Woche) besonders intensiv, liebevoll und sachkundig um die Welpen kümmert. Unterbleibt dies, so besteht die Gefahr, daß ein durch diese Unterlassungssünde fehlerhaft geprägter Cairn vieles von dem, was üblicherweise seinen Charme im Umgang mit Menschen ausmacht, später nicht entfalten kann, denn Fehler in der Prägungsphase sind in der Regel nicht mehr vollständig reparabel.

Probleme der praktischen Umsetzung

Nun macht leider selbst die perfekteste Beherrschung der notwendigen Theorie noch lange keinen Züchter, der nachhaltig zur Verbesserung der von ihm gezüchteten Rasse beiträgt. Wer dieses Ziel erreichen will, muß auch in der Lage sein, seine Kenntnisse praktisch umzusetzen. Fundamentale Voraussetzung dafür ist ein untrüglicher – und das heißt vor allem: von Selbstbetrug freier – Blick für „den Hund“, für das typische, dem Standard möglichst vollkommen entsprechende Rassetier. Wer diesen „Blick für Hunde“ hat, kann ihn durch stetige, intensive Arbeit noch schärfen und vervollkommnen, wer ihn nicht hat, wird bald erkennen müssen, daß mit Fleiß und gutem Willen allein, von gelegentlichen Glücksfällen abgesehen, zumindest auf Dauer bestimmte Grenzen unüberwindbar bleiben. Darüber hinaus braucht selbst der talentierteste Züchter neben der Geduld, beim Zuchtaufbau auf Spitzentiere bestimmter Abstammung notfalls sehr lange warten zu können, auch etwas Glück. Dies gilt selbst für den Fall, daß er lückenlose Informationen darüber besäße, was in den Hunden steckt, die auf den Ahnentafeln seiner Zuchttiere verzeichnet sind.

Zur praktischen Umsetzung gehört auch, daß man bei auftretenden Fehlentwicklungen die notwendigen Kurskorrekturen vorzunehmen bereit und fähig ist. Im Hinblick auf den Rassestandard muß ein Züchter der schärfste Kritiker der eigenen Hunde sein und bleiben, wenn er nicht schmerzliche Qualitätseinbrüche erleben will. Für die Zucht darf einfach nur das Beste gut genug sein.

Schließlich tut jeder erfolgreiche Züchter gut daran, engagierte Anfänger und diejenigen unter den weniger Erfolgreichen, die immerhin guten Willens sind, die Rasse zu fördern,

Gespannte Aufmerksamkeit

mit Rat und Tat zu unterstützen. Dieses Verhalten hebt nicht nur das Zuchtniveau und kommt damit dem Förderer möglicherweise selbst wieder zugute – es ist auch ein Akt sportkameradschaftlichen Verhaltens, dessen Auswirkungen es einem Spitzenzüchter erleichtern, den Neid und die Anfeindungen derer, die es wie Räber anmerkt, aus eigenem Unvermögen zu nichts gebracht haben, mit einiger Gelassenheit zu ertragen und nicht etwa der Hundezucht angewidert den Rücken zu kehren.

Ernährung

Der Hund braucht mehr als Fleisch

Leben ist Bewegung. Leben ist Wachstum. Leben ist Stoffwechsel. Damit Lebensvorgänge ablaufen können, muß sich das Lebewesen ernähren. Der Zweck der Ernährung ist es, dem Körper Nährstoffe zuzuführen. Diese dienen der Bewegung, indem sie Energie liefern, dienen dem Wachstum, indem sie die Baustoffe darstellen, dienen dem Stoffwechsel, indem sie verbrauchte Substanzen ersetzen. Nährstoffe befinden sich in der Nahrung. Tiere sind von organischen Stoffen abhängig. Diese gehen sämtlich auf Stoffwechselprodukte der Pflanzen zurück.

Der Hund als Nachfahre des Wolfes steht am Ende der Nahrungskette. Er verwertet nicht die Pflanze selbst, sondern pflanzenfressende Tiere. Die wildlebenden Ahnen unseres Hundes verzehrten ihre Beute meist vollständig. Von daher geht der Begriff „Fleischfresser“ am Kern vorbei. Denn nicht nur Muskelfleisch, sondern ebenso die Knochen, Sehnen, das Fell und natürlich die Innereien samt dem pflanzlichen Inhalt wurden verschlungen. Treffender ist also die Bezeichnung „Beutetierfresser“.

- Der Hund steht am Ende der Nahrungskette.
- Der Hund benötigt neben Fleisch auch Fett, Mineralstoffe, Vitamine und pflanzliche Materialien.
- Der Hund ist ein Beutetierfresser.

Das Verdauungssystem spaltet die Nahrung auf

Dem Wolf wie auch seinem Nachfahren Hund sind eine Reihe spezialisierter Organe eigen, mit denen er seine Nahrung beschaffen, zerkleinern und verwerten kann. Die Zähne dienen dem Ergreifen und Zerteilen der Beute. Mit Hilfe des Speichels gleitfähiger gemacht, gelangt die Nahrung durch die sehr dehnbare Speiseröhre in den Magen. Hier erfolgt eine erste Aufspaltung der einzelnen Bestandteile. Dieser Vorgang wird im Dünndarm fortgesetzt. Unverzichtbare Hilfe leisten dabei Verdauungsenzyme, die in der Bauchspeicheldrüse gebildet werden. Ihre Aufgabe ist die biochemische Zerkleinerung der Nährstoffe bis auf die Grundbausteine. Nur so zerlegt ist die Nahrung letztendlich verwertbar. Die Nährstoffe werden dann von der Darmschleimhaut aufgenommen und mit Hilfe des Blutkreislaufs in jede noch so entlegene Zelle des Körpers transportiert. Dort erst erfüllen sie ihre eigentliche Funktion. Im Muskel beispielsweise wird die biochemische Energie bestimmter Nährstoffe in Bewegungsenergie umgewandelt, im Knochen dienen andere Nährstoffe als Bausteine den Wachstumsvorgängen. Unverwertbare Bestandteile der Nahrung gelangen in den Dickdarm und werden wieder ausgeschieden.

- Die Nahrung muß aufgespalten werden, um verwertbar zu sein.
- Die Aufspaltung erfolgt hauptsächlich im Darm.
- Die Nährstoffe werden mit dem Blutkreislauf aus dem Darm in alle Körperzellen transportiert.

Hohe Energieausbeute nur bei hochverdaulicher Nahrung

Ob unser Cairn Terrier läuft, springt, mit dem Schwanz wedelt oder vielleicht nur daliegt und Herrchen oder Frauchen beim Lesen zuschaut – jeder dieser Vorgänge braucht Energie, sie ist die treibende Kraft aller Lebensvorgänge. Unser Hund bezieht sie aus seinem Futter. In biochemischer Form gespeichert, gelangt Energie in den Körper und wird dort in die unterschiedlichsten Lebensäußerungen umgewandelt.

Bei diesen Umwandlungsprozessen gibt es Verluste. Über Kot und Harn werden Stoffe ausgeschieden, die noch Energie speichern. Auch Wärmeverluste schmälern die Energieausbeute für den Organismus. Dennoch hat das Energieumwandlungssystem „Hund“ einen höheren Wirkungsgrad als jedes vom Menschen ersonnene. Eines liegt jedoch auf der Hand: Je höher die Verdaulichkeit der Nahrung ist, desto geringer sind die Energieverluste für den Hund.

- Ohne Energie gibt es kein Leben.
- Die Energie ist in der Nahrung.
- Je höher die Nahrung verdaulich ist, desto besser wird sie verwertet.

Eiweiße sind Baustoff, Energieträger und Wirkstoff zugleich

Jeder Hund benötigt über fünfzig verschiedene Nährstoffe, und zwar Tag für Tag, ein Leben lang. Man kann diese der besseren Übersichtlichkeit halber in Hauptnährstoffgruppen zusammenfassen. Eine wesentliche dieser Gruppen wird von den Eiweißen oder Proteinen gebildet. Sie stellen wichtige Körperbausteine dar. Nur eine einzige Körpersubstanz überhaupt enthält keine Eiweiße als Baustein, und das ist der Zahnschmelz. Alle anderen Gewebe, ob nun Muskel, Nerven, Haut oder innere Organe, bestehen in irgendeiner Form aus Eiweißen. Sogar der Knochen enthält nicht nur Mineralstoffe, sondern eben auch Gerüstproteine. Darüber hinaus werden wichtige Wirkstoffe wie Enzyme und Hormone durch Eiweiße aufgebaut. Außerdem sind Eiweiße eine Energiequelle für Hunde. Die Energieausbeute beim Abbau der Eiweiße ist jedoch nicht besonders hoch. In dieser Hinsicht ist die Nutzung von Fetten effizienter. Fette sind die für den Hund günstigste Energiequelle. Die Ausbeute bei ihrem biochemischen Abbau ist um etwa ein Drittel höher als bei Eiweißen. Fette sind jedoch nicht nur Energielieferanten. Sie stellen auch wichtige Bausteine für Zellmembranen dar und sind unverzichtbarer Bestandteil von bestimmten Hormonen und Vitaminen.

Kohlenhydrate kommen in der Natur in großen Mengen in Pflanzen vor. Das Verdauungssystem des Hundes kann diese nur in erhitzter Form spalten. Dann stellen einige Kohlenhydrate jedoch gute Energielieferanten dar. Weiterhin dienen Kohlenhydrate als Ballaststoffe. In dieser Funktion regen sie die Darmbewegung an und sind so für die Passage der Nahrung durch den Darm unerläßlich. Ebenso wichtige, jedoch

„Keen expression", der typische Terrierausdruck, zeigt sich schon im Welpenalter

grundsätzlich andere Aufgaben erfüllen die Mineralstoffe. Die bekanntesten unter ihnen, Kalzium und Phosphor, bilden die Hauptbestandteile der Knochen. Sie fungieren also als Baustoff. Andere Mineralstoffe werden im Stoffwechsel von Substanzen benötigt, welche Steuer- und Regelungsmechanismen bedienen.

So gibt es eine Reihe von Enzymen und Hormonen, die ohne die Anwesenheit bestimmter Mineralstoffe wirkungslos blieben. Weiterhin laufen so wichtige Vorgänge wie Blutgerinnung, Muskelkontraktionen oder die Erregungsleitung in Nerven nur ab, wenn die dazugehörigen Mineralstoffe dem Körper über die Nahrung zugeführt werden.

Die Gruppe der Mineralstoffe kann man noch einmal unterteilen in Mengenelemente (von diesen wird ein bedeutendes Quantum täglich benötigt) und Spurenelemente (hiervon reichen oft schon ganz geringe Mengen im Mikrogrammbereich aus).

Schließlich müssen noch die Vitamine in der Nahrung sein, von denen es fettlösliche und wasserlösliche gibt. Vitamine haben lebenswichtige Steuerfunktionen, dienen dem Sehvermögen, der Krankheitsabwehr oder dem Energiestoffwechsel.

- Eiweiße sind Baustoff, Energieträger und Wirkstoff zugleich.
- Fette sind die günstigste Energiequelle.
- Mineralstoffe bauen das Skelett auf und steuern lebenswichtige Vorgänge im Stoffwechsel
- Vitamine regeln unverzichtbare Lebensprozesse.

Wachsende Hunde benötigen spezielle Nahrung

Die moderne Tiermedizin hat die Besonderheiten des Hundestoffwechsels genau untersucht. So besteht heute die Möglichkeit, nicht allein den Energiebedarf eines heranwachsenden Hundes genau anzugeben, sondern auch seinen Bedarf an Kohlenhydraten, Eiweißen und Fetten sowie Mineralstoffen und Vitaminen. Dies ist entscheidend, wenn man das Ziel hat, durch eine artgerechte Bilanzierung von Nahrungsbestandteilen eine gesunde Hundeentwicklung zu fördern.

Ein gutes Beispiel dafür ist der Bewegungsapparat. Mit Hilfe von Messungen der Wachstumsgeschwindigkeit der Knochen, Röntgenaufnahmen des Bewegungsapparates, Bestimmungen der Knochendichte, Vergleich von vielen hundert gesund aufgewachsenen Hunden und weiteren Untersuchungsverfahren ist der Bedarf an Kalzium und Phosphor genau festgestellt worden.

Aufgrund dieser Zahlen sind wissenschaftlich exakte Empfehlungen für die Versorgung mit diesen Mengenelementen möglich – und zwar jeden Monat im Leben eines wachsenden Hundes. Wegen des hohen Bedarfs der Welpen an knochenaufbauenden Mineralstoffen liegt der Kalzium- und Phosphorbedarf in den ersten beiden Lebensmonaten rund viermal höher als beim erwachsenen Hund. Mit zunehmender Mineralisierung der Knochen nimmt er im Laufe des Wachstums stetig ab.

Um ein gleichmäßiges Knochenwachstum und eine gesunde Skelettentwicklung zu erreichen, kann die Versorgung mit Kalzium und Phosphor eigentlich nur durch eine ausgewogene, altersangepaßte Vollnahrung problemlos gewährleistet werden.

Eine Selbstherstellung von Hundenahrung ist wegen der möglichen Unter- oder Überversorgung mit lebenswichtigen Nährstoffen insbesondere bei Welpen sehr kritisch. So ist in „Eigenmischungen“ das Kalzium/Phosphor-Verhältnis meist nicht korrekt ausbilanziert. Die Wachstumsrate junger Hunde und die Unterschiede zwischen einzelnen Hunden werden übrigens nicht allein durch Erbanlagen bestimmt. Auch äußere Faktoren wie Ernährung, Klima oder Krankheiten sind wichtig.

Eine optimale Gestaltung der äußeren Einflußfaktoren kann das Wachstum im positiven Sinne be-

Freunde fürs Leben

einflussen – also eine artgerechte, angemessene Ernährung, gute Haltungsbedingungen und eine vernünftige Krankheitsverhütung, zum Beispiel durch Impfungen. Da es bei jedem Hund Unterschiede der äußeren Bedingungen gibt, variiert die Gewichtsentwicklung von Individuum zu Individuum ein wenig. Das bedeutet, daß es immer Abweichungen des altersentsprechenden Körpergewichtes von den wissenschaftlich ermittelten Durchschnittswerten gibt. Diese Unterschiede sind aber nicht nur von wissenschaftlichem Wert. In der Praxis ergeben sich aus den natürlichen Differenzen bei der Wachstumsgeschwindigkeit Unterschiede beim Bedarf der wachsenden Hunde an Energie, Eiweißen und insbesondere auch Mineralstoffen. Dies muß bei der Ernährung von Welpen und Junghunden bedacht und einkalkuliert werden.

Das Verdauungssystem und der Stoffwechsel von Welpen weisen eine Reihe von Besonderheiten auf. Der Magen ist noch relativ klein, so daß nur eine begrenzte Menge Nahrung aufgenommen werden kann. Diese eingeschränkte Speicherfunktion des Magens macht eine häufige Nahrungsaufnahme notwendig.

Einige Körpergewebe beziehungsweise Organsysteme sind während der ersten Lebensmonate ganz besonders auf eine richtig zusammengesetzte Nahrung angewiesen, um sich so entwickeln zu können, wie es die Natur vorgesehen hat. Hierzu gehören Bewegungsapparat, Abwehrsystem, Fortpflanzungssystem, Haut und Fell sowie Lunge und Atemwege. Anders als das Herz-Kreislauf-System des jungen Hundes, das sich schon im Mutterleib fast vollständig entwickelt hat, reift beispielsweise der Bewegungsapparat erst später aus.

So sind nach der Geburt zwar sämtliche Knochen beim Welpen angelegt und vorhanden, bestehen aber überwiegend noch aus Knorpel, also einem Gewebetyp, der zwar sehr elastisch ist, jedoch nur eine geringe Festigkeit hat. Dieses bindegewebige Gerüst wandelt der Organismus nach und nach zum tragfähigen Knochen um, indem er Mineralstoffe – vor allem Kalzium und Phosphor – einlagert. So entwickelt der Junghund im Laufe vieler Monate die biologisch notwendige Festigkeit seiner Knochen. Solange bleibt den noch nicht voll mineralisierten Knochen die Möglichkeit, weiterzu wachsen. Erst gegen Ende der Wachstumsperiode des Hundes verschließen sich die Wachstumsfugen der Knochen, die bis dahin ein Längenwachstum ermöglicht haben.

Im gesamten Zeitraum der Knochenbildung muß also die Zusammensetzung der Nahrung optimal auf die Bedürfnisse des Knochenwachstums eingestellt sein. Junge Hunde haben keinen Schutzmechanismus vor überhöhter Kalziumzufuhr mit der Nahrung wie erwachsene Tiere.

Unter dem Einfluß von Hormonen wird ein eventueller Kalziumüberschuß überwiegend in den Knochen eingelagert, was im Endeffekt zu einer gesteigerten und gleichzeitig gestörten Verknöcherung führt. Die daraus resultierenden Skelettdeformierungen und Bewegungseinschränkungen sind im späteren Lebensalter nicht wiedergutzumachen. Die Empfehlung, Junghunden eine Kalziumergänzung – selbst bei Verwendung einer vollständigen und richtig bilanzierten Vollnahrung – zukommen zu lassen, ist wissenschaftlich nicht haltbar. Wegen der möglichen Gefahren ist die Gabe von kalziumreichen Nahrungsadditiven deswegen zu vermeiden.

- Wachsende Hunde haben einen höheren Energiebedarf.
- Das heranwachsende Skelett braucht mehr als doppelt so viele Mineralstoffe.
- Spezielle Welpennahrung deckt alle Bedürfnisse ab.

Fertignahrung ist hochwertig, sicher und bequem

Wie wir gesehen haben, benötigen Hunde sehr viele verschiedene Nährstoffe. Diese müssen nicht nur in der optimalen Menge, sondern auch im

ALTERNATIVE MÖGLICHKEITEN
EINER AUSGEWOGENEN ERNÄHRUNG

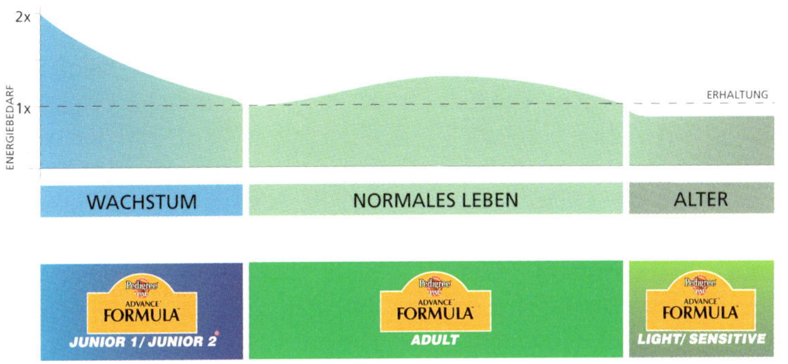

WALTHAM ERNÄHRUNGSBERATUNG

richtigen Verhältnis zueinander in der Nahrung sein. Hinzu kommen besondere Lebenssituationen wie Wachstum, Phasen hoher körperlicher Belastung, Trächtigkeit oder Alter. Jede dieser Situationen bringt veränderte Nährstoffansprüche mit sich.

Verdaulichkeit und Schmackhaftigkeit des Futters sollen auch gewährleistet sein, damit der Hund den Napf leert. Wollten wir unserem Hund selbst die tägliche Nahrung bereiten, hätten wir das alles zu beachten. Wir müßten den Gehalt der Ausgangsmaterialien an Eiweißen, Fetten, Mineralstoffen und Vitaminen genau kennen. Wer jedoch mißt die Menge essentieller Aminosäuren oder den Vitamingehalt eines Stückes Fleisch? Wieviel Kalzium ist denn nun in der Messerspitze Futterkalk enthalten? Und was ist mit der Zeit, die wir für die tägliche Futterration unseres vierbeinigen Freundes benötigen würden? Am sichersten ist die Verwendung qualitativ hochwertiger Fertignahrung, wie sie von verantwortungsbewußten, erfolgreichen Züchtern empfohlen wird. Alle Nährstoffe sind in richtiger Menge und optimalem Verhältnis enthalten. Man kann genau portionieren, die Fütterung ist sauber, schnell und bequem. Das deutsche Futtermittelrecht regelt die Zusammensetzung streng und genau. Es dürfen nur einwandfreie Rohmaterialien von gesunden Tieren und Pflanzen verwendet werden. Fertignahrung ist also der beste und sicherste Weg, unseren Hund richtig und gesund zu ernähren. Und schmecken wird es ihm ganz gewiß.

- Futterselbstzubereitung ist kompliziert, zeitraubend und erfordert Spezialkenntnisse.
- Fertignahrung ist sicher, hat hohe Qualität und erfüllt alle Nährstoffansprüche des Hundes.

Wichtige Tips zur Fütterung Ihres Hundes

1. Bei der Verwendung von Fertignahrungsmitteln, die als „Alleinfutter“ deklariert sind, erhält Ihr Hund alle lebensnotwendigen Nährstoffe in ausgewogener Zusammensetzung für ein langes, gesundes Hundeleben.
2. Ein Welpe braucht zu Beginn seines Lebens etwa doppelt so viele Nährstoffe und Energie wie ein ausgewachsener Hund, deshalb füttern Sie in der Wachstumsphase ein Fertigfutter, welches für wachsende Hunde bestimmt ist.
3. Verwenden Sie als Milchersatz für Saugwelpen nur spezielle Welpenmilchprodukte, Kuhmilch ist auf keinen Fall zu empfehlen, da sie nicht eiweiß- und fettreich genug ist und zu Durchfällen führen kann.
4. Achten Sie darauf, Futterumstellungen langsam und schrittweise über fünf Tage durchzuführen, so

Zwei lassen es sich schmecken

daß sich der Verdauungstrakt des Hundes an die neue Nahrung gewöhnen kann.

5. Füttern Sie stets zur gleichen Zeit und möglichst am gleichen Ort weder zu heiß noch zu kalt (nicht direkt aus dem Kühlschrank).
6. Bieten Sie ihrem Hund nur die Futtermenge an, die er auch auffrißt, keine Futterreste stehen lassen.
7. Frisches Wasser zum Trinken sollte Ihr Hund stets zur Verfügung haben.
8. Füttern Sie Fleisch bitte nur im abgekochten Zustand, bei der Fütterung von rohem Fleisch besteht Infektionsgefahr.
9. Bei der Verwendung eines hochwertigen Fertigfutters brauchen Sie keinerlei Zusatzstoffe oder Ergänzungsfuttermittel zusätzlich zu füttern.
10. Bei älteren Hunden ist die Futtermenge in 2–3 Mahlzeiten aufzuteilen. Die verwendeten Eiweiße müssen hochwertig und hochverdaulich sein.

Gesundheit

Vorbeugen ist besser als Heilen

Artgerechte Haltung, Pflege und Ernährung sind Voraussetzungen für die Gesundheit. Das seelische Wohlbefinden des Hundes ist so wichtig wie das körperliche. Der gesunde Hund nimmt aufmerksam und lebhaft Anteil an seiner Umgebung. Er ist kräftig und ausdauernd. In der Ruhe atmet er 10- bis 20mal, das Herz schlägt 70- bis 100mal in der Minute. Die Körpertemperatur liegt um 38,5 °C. Gesundheit ist nicht nur „Freisein von Krankheiten", sie schließt auch Widerstandskraft gegen Infektionen ein.

Das Haarkleid schützt nicht nur gegen Wind und Wetter, es ist auch Zeichen von Gesundheit. Stumpfes Haar, ständiger Haarausfall und starker Geruch deuten auf innere Erkrankungen hin. Die Haut soll frei von Schuppen und Rötungen sein, kein Juckreiz soll den Hund plagen.

Flöhe, Läuse und Haarlinge kann auch der gepflegteste Hund von einer Hundebegegnung mitbringen. Bei Juckreiz wird als erstes die Haut auf Flohstiche – bis zu linsengroße, geschwollene Rötungen – und das Fell auf Parasitenkot – kleine schwarze Pünktchen – abgesucht. Lieblingssitze der ungebetenen Gäste sind die Innenflächen der Hinterbeine, die „Achselhöhlen" und die Ohrmuscheln. Bei leichtem Befall genügt ein Flohpuder oder -spray. Wirksamer sind Waschlösungen, die das Fell bis auf die Haut benetzen, oder verschreibungspflichtige Mittel, die auf die Haut getropft werden und bis zu vier Wochen wirken. Das Ablecken solcher Mittel muß aber unbedingt verhindert werden. „Anti-Floh-Halsbänder" geben bis zu vier Monaten gas- oder puderförmige Wirkstoffe ab. In Hundehütten können bei einigen Halsbändern Giftgaskonzentrationen auftreten, die auch für den Hund bedenklich sind. Manche Halsbänder verlieren zudem durch Nässe an Wirksamkeit. Bei Flohbefall muß immer das Lager des Hundes mitbehandelt werden. Moderne Spezialmittel töten dabei nicht nur „erwachsene" Flöhe, sondern stoppen auch die weitere Entwicklung der Flohlarven. Hundedecken werden am besten ausgekocht, Teppiche regelmäßig gesaugt und Stroh in der Hütte gewechselt.

Zecken lassen sich aus dem Gebüsch auf den Hund fallen, beißen sich in der Haut fest und saugen sich mit Blut voll. Je länger sie saugen, desto größer ist in bestimmten verseuchten Gegenden die Gefahr, daß eine für Hunde gefährliche Infektionskrankheit, die Borreliose, übertragen wird. Deshalb sollten Zecken so rasch wie möglich entfernt werden. Sie dürfen aber nicht einfach ausgerissen werden, weil dabei die Beißwerkzeuge in der Haut steckenbleiben und Entzündungen verursachen können. Am besten erfaßt man die Zecke mit einer Spezialpinzette und hebelt sie drehend aus der Haut heraus.

Auf keinen Fall darf eine Zecke mit Alkohol betäubt oder mit Öl erstickt werden. Im Todeskampf gibt sie ihren Speichel in die Blutbahn des Hundes ab und damit eventuell Erreger einer Infektion. Inzwischen gibt es, allerdings nur beim Tierarzt, ein Anti-Zecken- und -Flohhalsband, das den Befall mit Zecken weitgehend und das Blutsaugen sicher verhindert.

Die Ohren sollten alle vier Wochen gereinigt werden. Mit Wattestäbchen kann man das Trommelfell zwar kaum verletzen, das Ohrenschmalz aber in der Tiefe zusammenstopfen. Besser ist ein alkoholischer Ohrreiniger, der randvoll ins Ohr eingegossen und bei zugedrückter Ohrmuschel durchmassiert wird. Das gelöste Ohrenschmalz kann der Hund dann selbst ausschütteln, vorzugsweise im Freien.

Ein unternehmungslustiges Trio

Dunkle, übelriechende Beläge im Ohr zeigen eine Entzündung an. Meist wird sich der Hund dann auch am Ohr oder – scheinbar – am Halsband kratzen und den Kopf schütteln. Ursache des „Ohrenzwanges" können Ohrenmilben, Grasgrannen oder andere Fremdkörper sowie Bakterien und Pilze sein. Wenn zwei- bis dreimalige gründliche Reinigung mit dem Ohrreiniger keine Besserung bringt, ist eine gezielte Behandlung erforderlich.

Die Augen werden mit einem Stückchen Mullbinde oder einem Taschentuch vom „Schlaf" gereinigt. Fusseln von Watte oder Papiertaschentüchern reizen die Schleimhäute. Bindehautentzündungen können auch durch Zugluft, Staub oder starke Sonne verursacht werden. Zur Linderung werden Augentropfen in den heruntergezogenen Bindehautsack geträufelt. Borwasser wird heute nicht mehr verwendet, weil feine Kristalle als Fremdkörper wirken können. Länger andauernder wäßriger, schleimiger oder eitriger Augenausfluß sollte nicht mit Hausmitteln kuriert werden. Es könnte eine Infektion vorliegen. Wucherungen auf der Rückseite der Nickhaut müssen meist operativ behandelt werden.

Die Zähne werden durch Hundekuchen oder Knochen ausreichend gereinigt. Auch die Tortur des Zähneputzens kann Zahnstein kaum verhindern. Zur Entfernung weicher Beläge eignet sich am ehesten ein Wattebausch, getränkt mit dreiprozentiger Wasserstoffsuperoxydlösung. Zahnstein ist ein fest anhaftender brauner Belag aus verhärteten Salzen. Fauliger Mundgeruch durch Zahnfleischentzündungen und -vereiterungen sowie Zahnausfall sind die Folgen. Zahnstein sollte frühzeitig fachkundig entfernt werden.

Lose Zähne müssen gezogen werden. Da der Hund keine Beute jagen, festhalten oder zerreißen muß, kann er auf schmerzende Zähne gut verzichten. Nach Entfernung der Eiterherde wird er sich auch allgemein wohler fühlen, denn sie können den Körper vergiften und zum Beispiel chronische Herzklappenentzündungen auslösen.

Die Analbeutel sollen eigentlich bei jedem Kotabsatz eine individuelle Duftmarke zur Revierkennzeichnung hinterlassen. Infolge der Domestikation funktioniert die Entleerung häufig nicht richtig. Sekretstauungen sind die Folge; den Juckreiz versucht der Hund vergeblich durch Rutschen auf dem After zu beseitigen. Dieses „Schlittenfahren" ist entgegen landläufiger Vermutung fast nie auf Wurmbefall zurückzuführen. Stark gefüllte Analbeutel müssen fachkundig ausgedrückt, vereiterte müssen tierärztlich behandelt werden.

Die Krallen werden nur bei regelmäßigem Auslauf auf hartem Untergrund ausreichend abgelaufen.

Nur bei krankhaftem Hornwachstum oder Stellungsfehlern müssen sie geschnitten werden. Dabei soll die in der Kralle verlaufende Ader nicht verletzt werden. „Wolfskrallen", Überbleibsel der an sich verkümmerten fünften Zehe an den Hinterläufen, können bei Verletzungen stark bluten. Sie sollten vorsorglich amputiert werden. Das geschieht üblicherweise schon bei neugeborenen Welpen.

Erste Hilfe tut not

Hautverletzungen müssen genau inspiziert werden. Oberflächliche Abschürfungen und Schrunden können mit Hausmitteln behandelt werden. Auf jeden Fall werden im Bereich der Verletzungen die Haare mit einer gebogenen Schere kurz abgeschnitten. Sie verkleben sonst mit dem Wundsekret; Vereiterung ist die Folge. Die Wunde wird mit Wundgel, -spray oder -tinktur behandelt. Fetthaltige Salben behindern den heilungsfördernden Luftzutritt, Puder verkrustet.

Bei tieferen Wunden mit Durchtrennung der Haut sollte umgehend ein Tierarzt hinzugezogen werden. Bei Beißereien und Stacheldrahtverletzungen wird die Haut oft vom Körper losgerissen, so daß tiefe Taschen zu versorgen sind. Von Fall zu Fall ist zu prüfen, ob eine „offene Wundbehandlung" oder eine Naht

Wir wollen doch nur mit der Ente spielen

besser ist. Nur frische Wunden können mit Aussicht auf komplikationslose Heilung genäht werden.

Eine offene, aus der Tiefe nässende oder eiternde Wunde darf der Hund belecken. In allen anderen Fällen wird die Wundheilung behindert, weil die zarten Heilungszellen am Wundrand gestört werden. Das Belecken von Wunden und das Abreißen von Verbänden können durch einen Halskragen verhindert werden, den es fix und fertig vom Tierarzt gibt.

Wundstarrkrampf ist beim Hund selten. Impfungen sind daher nicht üblich. Zur Vorbeugung sollen Wunden ausbluten und nicht luftdicht abgedeckt werden. Wenn größere Adern verletzt sind, kommt es zu andauernden, starken Blutungen. Häufig tritt Blut im Strahl aus. Dann muß zur Ersten Hilfe ein Druckverband angelegt werden. An ungünstigen Körperstellen wie am Kopf kann auch von Hand eine Kompresse aufgedrückt werden. Gliedmaßen können abgebunden werden, die Abbindung muß aber viertelstündlich kurz gelöst werden. In solchen Fällen ist stets umgehend tierärztliche Hilfe erforderlich.

Unfälle können auch zu inneren Verletzungen und Gehirnerschütterungen führen. Bei Bewußtseinstrübungen soll nie Flüssigkeit eingeflößt werden. Die Maulschleimhaut kann aber mit Kaffee, Tee oder auch einfach mit Wasser befeuchtet werden. Der Hund wird vorsichtig getragen oder seitlich mit tiefliegendem Kopf und herausgezogener Zunge auf einer Decke gelagert, die, von zwei Personen an den Ecken strammgezogen, auch als „Tragbahre“ dient. Am Unfallort sind meistens die Diagnose und vor allem eine wirksame Schockbehandlung erschwert. Telefonisch sollte zur Vermeidung unnötiger Wege und Zeiten ein dienstbereiter Tierarzt verständigt und umgehend aufgesucht werden.

Lahmheiten können viele Ursachen haben. Als erstes wird die Pfote untersucht. Dornen oder Splitter werden ausgezogen. Verfilzte Haare drücken zwischen den Ballen wie ein Stein im Schuh; sie werden daher vorsichtig ausgeschnitten. Wundc Stellen werden wie Hautverletzungen behandelt. Im Winter müssen Streusalzreste von den Pfoten abgewaschen werden. Bei Krallenbettentzündungen können warme Kamillen- oder Seifenbäder Linderung bringen. Lose Krallenteile werden an der Bruchstelle beherzt abgeschnitten. In vielen Fällen ist ein Verband erforderlich. Er muß fachkundig angelegt werden, um Druckstellen zu vermeiden.

Bei Schwellungen, Prellungen und Verstauchungen kann das Fell des betroffenen Körperteils mehrmals täglich mit kaltem Wasser durchnäßt werden. Das wirkt wie ein Kühlverband, lindert den Schmerz und hemmt – frühzeitig angewendet – weitere Schwellungen. Wenn ein Bein überhaupt nicht belastet wird, besteht Verdacht auf Knochenbruch. Bei stark abnormer Beweglichkeit können die Gliedmaße durch eine Notschiene ruhiggestellt werden. Andauernde, wiederkehrende oder sich verschlimmernde Bewegungsstörungen sind stets ein Fall für den Tierarzt. Das Humpeln auf einem Hinterbein wird nicht selten durch eine Ausrenkung der Kniescheibe oder durch Riß von Bändern bedingt, die operativ fixiert werden müssen.

Vergiftungen sind meist „Unglücksfälle" und nur selten böse Absicht. Rattengift kann bei unsachgemäßem Auslegen direkt, aber auch mit vergifteten Nagetieren aufgenommen werden. Meist handelt es sich um Cumarinpräparate, die zu inneren Blutungen führen. Vorsicht ist auch bei Schädlings- und Unkrautbekämpfungs- sowie bei Frostschutzmitteln geboten. Hochgiftige Thallium-, Zinkphosphid- und Arsenzubereitungen, Blausäure und Strychnin sind heute gottlob kaum noch erhältlich. Die besten Überlebenschancen bestehen, wenn man „nach frischer Tat" das Gift wieder aus dem Magen herausbefördern kann.

Der Tierarzt kann Erbrechen durch eine Spritze auslösen, der Laie durch Eingeben von zwei bis drei Teelöffeln Salz. Nach dem Erbrechen kann eine Aufschwemmung von etwa zehn Kohlekompretten eingeflößt werden. Milch wird nicht gegeben, weil verschiedene Gifte fettlöslich sind. Etwa vorhandene Hinweise auf die Art des Giftes ermöglichen eine rechtzeitige, gezielte tierärztliche Behandlung. Ungewisser sind die Aussichten, wenn Vergiftungsfolgen wie Krämpfe, Mattigkeit oder Brechdurchfall schon eingetreten sind, die Ursache aber nur vermutet werden kann. Eine genaue Diagnose ist oft erst durch Spätschäden wie Blutungen oder Haarausfall möglich. Dann kann es für eine Rettung bereits zu spät sein.

Durchfall ohne Fieber bessert sich häufig nach einem Fastentag: Der Hund erhält ausschließlich stark verdünnten Tee mit einer Prise Salz, aber ohne Zucker. Zur Geschmacksverbesserung ist Süßstoff erlaubt. Zusätzlich ist es nie verkehrt, eine Aufschwemmung von Kohlekompretten einzugeben. Keinesfalls darf Durchfall mit Wasserentzug „behandelt" werden; der Körper würde zu stark austrocknen. Am zweiten Tag erhält der Hund in kleinen Portionen ein Diätfutter, zum Beispiel Beefsteakhack, Schmelzflocken und rohen geriebenen Apfel. Am dritten Tag muß der Kot zumindest wieder dickbreiig sein.

Verstopfungen lassen sich oft durch rohe Leber oder Milz oder einige Teelöffel süßer Dosenmilch beheben. Bei krampfhaft vergeblichem Drängen kann ein Mikroklistier Er-

Katz und Hund
friedlich vereint

folg bringen. Bei einer Verhärtung von Knochenteilen im Enddarm hilft allerdings meist nur ein fachgerechter Einlauf.

Erbrechen ist keine selbständige Krankheit. Einmaliges Erbrechen kann durch zu hastiges Fressen, zu kaltes Futter oder Aufnahme von Fremdkörpern ausgelöst werden. Gelegentliches Erbrechen ist beim Hund ohne große Bedeutung. Um zu erbrechen frißt der Hund häufig Gras. Geschieht das regelmäßig oder wird ständig das Futter erbrochen, muß ein Tierarzt hinzugezogen werden. Auch Durchfall und Erbrechen mit Fieber sind kein Fall für Hausmittel.

Scheinschwangerschaft tritt bei manchen Hündinnen etwa acht Wochen nach der Läufigkeit auf. Sie sind unruhig, „bemuttern" irgendwelche Gegenstände, fressen schlecht und erbrechen gelegentlich. Das Gesäuge schwillt, Milch bildet sich. Abhilfe schafft häufig wenig Fressen und Trinken bei viel Bewegung und Beschäftigung. Das Gesäuge kann mehrmals täglich mit kaltem Wasser befeuchtet werden, um Schwellung und Milchproduktion zu hemmen. Keineswegs soll die Milch ausgedrückt werden. Damit würde nur die weitere Milchbildung angeregt. Bei sehr starker Gesäugeschwellung und trotz Hausmitteln nicht nachlassenden Erscheinungen muß der Tierarzt verständigt werden.

Insektenstiche, vor allem durch das Schnappen nach Wespen und

Bienen verursacht, können schnell zu erheblichen Schwellungen am Kopf oder, noch schlimmer, im Rachen führen. Äußerliche Kühlung mit Eiswürfeln und eine Tablette gegen Allergie ersparen oft nicht die möglichst rasche tierärztliche Behandlung.

Alarmzeichen

Fieber ist eine Abwehrreaktion des Körpers, meist auf Infektionen. Die Hundenase kann auch beim kranken Hund feucht und kühl sein. Die Temperatur muß mit einem Fieberthermometer (je nach Modell bis zu fünf Minuten) im Mastdarm gemessen werden. Sie darf nicht über 39 °C liegen. Untertemperaturen unter 37,5 °C entstehen infolge einer Reduzierung der Stoffwechselvorgänge häufig vor dem Tod.

Husten, als ob ein Knochen im Hals säße, tritt bei Mandelentzündungen auf. Ernstere Infektionen wie Zwingerhusten oder gar Staupe könnten auch vorliegen. Pumpende Atmung entsteht durch eine Lungenentzündung, aber auch durch Wasseransammlung in der Lunge, zum Beispiel infolge von Vergiftungen. Bei alten Hunden kann der damit verbundene Husten auch auf eine Herzschwäche zurückzuführen sein. Bauchpressen und Aufblasen der Backen sind Zeichen höchster Atemnot.

Schleimhäute im Auge und im Fang geben Hinweis auf innere Erkrankungen: Blässe deutet auf Blutarmut hin, Gelbfärbung auf Leberschäden mit Gelbsucht, Blutungen auf schwere Infektionen oder Vergiftungen, eine bläuliche Färbung tritt bei Herz- und Kreislaufschwäche auf.

Kot und Urin mit Blutbeimengungen lassen krankhafte Veränderungen erkennen. Bei Blutungen im Magen und in den vorderen Darmabschnitten kann der Stuhl durch das verdaute Blut pechschwarz aussehen. Nierenerkrankungen können auch mit erhöhtem Durst verbunden sein. Wenn Mattigkeit und Mundgeruch hinzukommen, ist meist bereits eine Harnvergiftung eingetreten.

Harnsteine, Blasenriß oder Vergiftungen können dazu führen, daß überhaupt kein Urin mehr abgesetzt wird; dann besteht höchste Gefahr. Geschwülste, Prostatavergrößerungen und Mastdarmveränderungen erschweren den Kotabsatz. Verhärtete Knochenteile können den Enddarm völlig verstopfen. Erbrechen und zunehmende Mattigkeit bei fehlendem Kotabsatz sprechen für Darmverschluß oder einen Fremdkörper im Darm.

Speicheln wird im harmlosesten Fall durch Fremdkörper in der Maulhöhle oder durch lose Zähne verursacht, bedenklicher wäre eine E 605-Vergiftung oder Pseudowut, schlimmstenfalls ist an Tollwut zu denken.

Umfangsvermehrungen des Bauches bei sonst normalem Ernährungszustand oder zunehmender Abmagerung können durch Tumore oder Bauchhöhlenwasser hervorgerufen werden.

Bei einer Gebärmuttervereiterung besteht gleichzeitig fast immer starker Durst, gelegentlich auch Scheidenausfluß. Eine plötzliche Aufblähung des Bauches mit Kolik und Kreislaufschwäche, bedingt durch eine Magendrehung, erfordert unverzügliche Operation. Eine Entzündung der Kaumuskeln mit Schwellung und Verhärtung sowie hervortretenden Augäpfeln muß sofort tierärztlich behandelt werden.

Infektionen bedrohen die Gesundheit

Staupe und ansteckende Leberentzündung (Hepatitis) sind Viruskrankheiten, die für Junghunde besonders gefährlich sind, aber auch ältere Hunde befallen. Staupe beginnt mit einem häufig kaum merkbaren, kurzen Fieber, dem nach etwa acht Tagen eine schwere Lungenentzündung mit eitrigem Augen- und Nasenausfluß oder ein Durchfall folgt. Eine besondere Verlaufsform ist mit einer Verhärtung der Ballen verbunden. Nach scheinbarer Besserung treten nervöse Erscheinungen bis hin zu Krämpfen auf, die meistens zum Tod führen. Nach überstandener Staupe bleibt häufig ein nervöses Zucken der Kopfmuskeln, der „Staupetick“, nach Erkrankungen im Junghundealter das „Staupegebiß“ mit erheblichen Zahnschmelzdefekten zurück. Die ansteckende Leberentzündung verläuft ähnlich, mit hohem Fieber, Apathie und Appetitlosigkeit. Hornhauttrübungen können bleibende Folgeschäden sein.

Stuttgarter Hundeseuche (Leptospirose) wird durch Bakterien verursacht und von Hund zu Hund übertragen. Sie beginnt häufig mit einer Schwäche in den Hinterbeinen. Geschwüre im Maul, Magen und Darm sind mit aasartig-faulem Maulgeruch und blutigem Durchfall verbunden.

Tollwut tritt bei Hunden nur noch selten auf. Die Seuche wird vor allem durch Füchse übertragen. Hinweisschilder warnen in gefährdeten Gebieten vor Tollwut. Die Krankheit ist besonders tückisch: Die typischen Wuterscheinungen mit heiserem Gebell, Wasserscheue, Unruhe und unmotivierter Beißwut fehlen häufig. Die „stille Wut“ ist im Anfangsstadium schwer zu erkennen. Ein erkranktes Tier stirbt immer.

Parvovirose ist eine Viruskrankheit, die sich bei Hunden aller Altersgruppen in schweren, durch Erbrechen und Durchfall gekennzeichneten Erkrankungen äußert. Bei Welpen kann plötzlicher Herztod auftreten. Der Erreger ähnelt dem Katzenseuchevirus; eine wechselseitige Ansteckung zwischen Hund und Katze ist jedoch nicht möglich. Die Ansteckung erfolgt über Ausscheidungen von Hund zu Hund, aber auch durch Verschleppung angetrockneter Ausscheidungen, zum Beispiel an Kleidungsstücken.

Impfungen schützen vor diesen Infektionskrankheiten

Welpen in gefährdeten Zuchten oder ungeimpfte Hunde mit verdächtigen Krankheitserscheinungen können mit einem Serum behandelt werden, das fertige spezifische Abwehrstoffe enthält. Diese „passive Immunisierung" schützt aber nur für zwei bis drei Wochen. Der Käufer eines Hundes sollte den Impfpaß daraufhin genau prüfen.

Länger dauernden Schutz vermittelt nur die „aktive" Schutzimpfung. Dabei werden abgeschwächte oder abgetötete Infektionserreger eingeimpft. Der Körper reagiert darauf mit der Bildung eigener Abwehrstoffe. Bei den heute üblichen Kombinationsimpfstoffen kennzeichnen die Buchstaben S, H, L, T und P die Wirksamkeit gegen die in Frage kom-

Zwei, die ihre Begleithundprüfung mit Bravour bestanden haben

menden Seuchen. Welpen werden mit sechs bis acht Wochen das erste Mal geimpft und müssen dann mit etwa zwölf Wochen nach Impfplan nachgeimpft werden. Auch bei älteren, noch nicht geimpften Hunden empfiehlt sich eine zweimalige Grundimmunisierung, um einen umfassenden Impfschutz gegen alle Infektionskrankheiten aufzubauen.

Der einmal gebildete Impfschutz baut sich im Laufe der Zeit ab. Kommt der Hund mit betreffenden Seuchenerregern in Berührung, so wird die Antikörperbildung aufgefrischt. Ist der Impfschutz aber bereits zu stark abgesunken, kann der Hund erkranken. Deshalb sind regelmäßige Auffrischungsimpfungen erforderlich, am besten jährlich mit einem Kombinationsimpfstoff. Denn die Tollwutimpfung wird ohnehin nur für ein Jahr anerkannt, die Leptospiroseimpfung wirkt nicht länger, und gegen die seit einiger Zeit wieder bedrohlich zunehmende Staupe gilt es, auf Nummer Sicher zu gehen.

Ein sicherer Impfschutz des Hundes ist auch für den Menschen wichtig. Erkrankte Hunde können Leptospiren übertragen, die beim Menschen das „Canicola-Fieber" oder die „Weilsche Krankheit" hervorrufen. Hundetollwut ist wegen des engen Kontaktes für Menschen viel gefährlicher als Wildtollwut. Geimpfte Hunde übertragen keine Tollwut. Nach einem Kontakt mit verdächtigem Wild brauchen sie deshalb auch nicht getötet zu werden, wie dies für ungeimpfte Hunde gesetzlich vorgeschrieben ist.

Ch. Mount Button Jeff Jamison – als jagdlich geführter Cairn Terrier bekannt für Schönheit und Leistung

Gegen andere Infektionen schützt Vorsicht

Toxoplasmose wird durch einzellige Schmarotzer hervorgerufen. Ihr Stammwirt ist die Katze. Bei anderen Tieren werden ansteckungsfähige Dauerformen gebildet. Hunde erkranken überwiegend durch infiziertes Schweinefleisch. Für die Ansteckung des Menschen wurden sie früher zu Unrecht verantwortlich gemacht.

Aujeszkysche Krankheit wird ebenfalls durch Schweinefleisch übertragen. Unstillbarer Juckreiz, Unruhe, Ängstlichkeit und Speichelfluß haben gewisse Ähnlichkeit mit Tollwut. Die Krankheit wird daher auch „Pseudowut“ genannt. Schweinefleisch und in der Zusammensetzung unbekannte Fleischmischungen, zum Beispiel aus Supermärkten, müssen deshalb gut durchgekocht werden. Fertigfutter und Rindfleisch sind dagegen unbedenklich.

Zwingerhusten tritt vor allem in Tierheimen und Hundehandlungen auf. Unter begünstigenden Umständen lösen Viren und Bakterien gemeinsam Entzündungen von Luftröhre und Bronchien aus.

Kennzeichnend ist ein kurzer, trockener Husten. Sekundärinfektionen können den Krankheitsverlauf verschlimmern. Während des Urlaubs sollte man seinen Hund nicht in unbekannte Heime oder Pensionen geben oder ihn vorsorglich auch gegen Zwingerhusten impfen lassen.

Wurmkuren gegen unerwünschte Kostgänger

Spulwürmer können bei Junghunden zu Verdauungs- und Entwicklungsstörungen, zu Vergiftungserscheinungen und sogar zum Tod führen. Fast alle Welpen werden im Mutterleib mit Spulwürmern infiziert. Die ersten Wurmkuren soll schon der Züchter durchführen. Junghunde werden vierteljährlich entwurmt. Ältere Hunde beherbergen nur noch einzelne Würmer. Sie richten zwar keinen großen Schaden an, sind aber eine ständige Infektionsquelle. Hündinnen sollten zumindest sechs Wochen nach jeder Läufigkeit, Rüden mindestens einmal jährlich entwurmt werden. Bei festgestelltem Wurmbefall ist eine sofortige Entwurmung mit einer Wiederholungsbehandlung nach zwei bis drei Wochen erforderlich. Rohe Möhren garantieren keine Wurmfreiheit. Wirksame und verträgliche Mittel sind verschreibungspflichtig. Sie wirken auch gegen andere Rundwurmarten, zum Beispiel gegen Hakenwürmer.

Spulwürmer sind auf ihre Wirtstierarten spezialisiert; wenn der Mensch Hundespulwurmeier aufnimmt, schlüpfen zwar Larven und beginnen ihre Wanderung im Körper, sie bleiben jedoch in Organen oder Muskeln stecken und können dort schmerzhafte Entzündungen verursachen. Besonders gefährdet sind „Krabbelkinder". Wurmkuren dienen daher auch dem Gesundheitsschutz der Familie.

Bandwürmer brauchen für ihre Entwicklung stets einen Zwischenwirt. Für den Hundebandwurm ist dies der Floh. Er nimmt die Wurmeier auf, aus denen sich eine Finne entwickelt. Der Hund „knackt" den Floh, die Finne wächst im Hundedarm zum fertigen Bandwurm aus. Mit dem Kot erscheinen nach geraumer Zeit einzelne kürbiskernförmige, anfangs noch bewegliche Bandwurmglieder oder ein längeres, deutlich gegliedertes Wurmende. Es gibt heute neben speziellen Spulwurm- und Bandwurmmitteln auch Präparate, die gegen beide Parasitenformen wirksam und dabei gut verträglich sind. Empfehlenswert ist eine systematische vierteljährliche Bandwurmbehandlung des Hundes. Zur Bandwurmkur gehört stets eine Flohbehandlung von Hund und Lager.

Besonders bei Jagdhunden kann auch der „gesägte Bandwurm" auftreten, dessen Zwischenwirte Hasen und Kaninchen sind. Andere Bandwurmarten, die durch Fisch oder Wild, Rinder- oder Schafeingeweide übertragen werden, kommen seltener vor. Dazu zählt der „dreigliedrige Bandwurm", der auch dem Menschen gefährlich werden kann. Der Hund sollte zur Vorbeuge keine rohen „Konfiskat"-Innereien erhalten und daran gehindert werden, Kadaver von Wildtieren anzufressen.

Für Menschen besonders gefährlich ist der vor allem in einigen Gegenden Mittel- und Süddeutschlands verbreitete „Fuchsbandwurm", der auch durch Hunde übertragen werden kann. Neben regelmäßigen Bandwurmkuren ist es die beste Vorbeuge, den Hund in Wald und Flur anzuleinen.

Gefahren für die menschliche Gesundheit?

Impfungen und Wurmkuren schränken Ansteckungsgefahren ein. Hygiene tut ein übriges: Selbstverständlich hat der Hund sein eigenes Lager und Futtergeschirr; beides ist peinlich sauber. Rasen und Wege werden von Hundekot freigehalten. Der Hund wird so erzogen, daß er das Gesicht nicht ableckt. Das Belecken der Hände ist Ausdruck seiner Zuneigung. Man darf sie dulden, denn man kann sich die Hände anschließend waschen. Vorsichtige können Lager, Hütte und andere hygienegefährdete Stellen und Gegenstände regelmäßig desinfizieren. Die Mittel sollen gegen Viren, Bakterien und Pilze wirken. Zur Schnelldesinfektion eignet sich besonders ein Spray, der auch Ektoparasiten abtötet.

Drei Cairns vom Zwinger „Snapshot's"

Besonders angezeigt sind solche Maßnahmen, wenn der Hund eiternde Wunden, Ekzeme, Furunkel oder eine Vorhaut-, Zahnfleisch- oder Mandelentzündung hat.

Diese Infektionen sind konsequent zu behandeln. Eitererreger können auch beim Menschen Komplikationen verursachen. Vorsicht ist stets bei schlecht heilenden oder sich ausbreitenden Ekzemen geboten: Räudemilben sind zwar auf Tierarten „spezialisiert", können jedoch auch beim Menschen juckende Hautrötungen verursachen. Hautpilzinfektionen sind auf Menschen übertragbar. Daher sollte man umgehend eine Spezialuntersuchung und Behandlung veranlassen. Pilzinfektionen entstehen nur, wenn sich die Erreger länger als 12 bis 24 Stunden auf der menschlichen Haut einnisten können. Gründliches Waschen bannt die Gefahr. Zusätzliche Sicherheit bietet ein Handdesinfektionsmittel, das nach Berührung verdächtiger Stellen oder Ausscheidungen in die Hände eingerieben wird.

Allergien sind auch durch größte Sauberkeit nicht immer zu vermeiden. Einige Menschen reagieren bei Kontakt mit Tierhaaren und -hautteilen mit Ausschlägen oder Atembeschwerden. Katzen, Meerschweinchen und Vögel sind viel öfter als Hunde die Auslöser; viele andere pflanzliche und tierische Stoffe kommen hinzu. Die Allergieursache kann von einem Hautarzt durch Spezialtests auf der Haut ermittelt werden. Auf Verdacht braucht also kein Hund abgeschafft zu werden. Und vor der Anschaffung eines Cairn Terriers brauchen auch gesundheitsbewußte Hundefreunde nicht zurückzuschrecken.

Der Cairn Terrier im Alter

Die schottischen Terrierrassen sind in der Regel äußerst langlebig, und ein Cairn Terrier kann bei sorgfaltiger Haltung und Pflege durchaus 15 Jahre und länger unser Weggefährte sein. Dabei läßt er häufig bis zum zehnten Lebensjahr kaum die Spur eines Alterungsprozesses erkennen – er verkörpert nach wie vor jene angenehme Mischung aus Fröhlichkeit, Freundlichkeit und Aktivität, die uns im Laufe der Jahre so vertraut geworden ist.

Für unseren Cairn gilt durchaus, was Rowland Johns schon 1935 über dessen nächsten Verwandten, den West Highland White Terrier, schrieb: „Wenn er sorgfältig gepflegt wird, erreicht er glücklich und gesund ein beachtlich hohes Alter. Es ist nicht ungewöhnlich, ihn mit elf oder zwölf Jahren noch in blendender Verfassung zu finden."

Nichtsdestoweniger – auch ein Cairn Terrier muß gewöhnlich jenseits des zehnten Lebensjahres dem Alter seinen Tribut zollen. Bei all seinem immer noch vorhandenen Tatendrang benötigt er jetzt doch mehr Schlaf und längere Ruhepausen, den früher so geschätzten Gewaltmärschen zieht er nun dosiertere Bewe-

Ch. Mount Button Juicy Lucy im Alter von elfeinhalb Jahren

Alt und Jung

gungsübungen vor, allmählich lassen auch Gehör und Sehkraft etwas nach, und das Haar im Bereich des Vorgesichts beginnt zu ergrauen. Altersgerechte Haltung und Pflege erfordert jetzt vor allem:

- Ein Mehr an Zuwendung durch seine Bezugsperson, zumindest aber menschliche Nähe und einen warmen Ruheplatz mit einer weichen Unterlage.
- Einen Futterplan, der statt einer großen zwei bis drei kleinere Mahlzeiten vorsieht; diese sollten aus hochwertigen, leicht verdaulichen Nahrungsmitteln bestehen und mit Vitamin-Mineralstoffzusätzen angereichert sein; hingegen dürfen Knochen nicht mehr verfüttert werden, um Stuhlverhärtungen zu vermeiden.
- Eine besonders sorgfältige Zahn- und Fellpflege.
- Mindestens eine jährliche Gesundheitskontrolle durch den Tierarzt. Bei Hündinnen ist häufig das Entfernen von Eierstöcken und Gebärmutter angezeigt, um Scheinträchtigkeiten und Schlimmeres zu vermeiden.

Wer das Altern seines Cairn Terriers bewußt miterlebt, wird feststellen, daß dessen Attraktivität im Alter keineswegs geringer ist als in seinen jüngeren Jahren – sie wandelt sich vielmehr insoweit, als eine innige Vertrautheit allmählich an die Stelle der temperamentvollen Fröhlichkeit tritt.

Das Wohlbefinden unseres „alten" Cairns leidet keinesfalls, wenn jetzt ein Cairnwelpe ins Haus kommt, um einen kontinuierlichen Übergang zu sichern. Als die anerkannte „Nr. 1" der Rangordnung wird unser Alter den Zuwachs gern akzeptieren und die denkbar beste Erziehungshilfe leisten.

Gerade einem alten Hund im Krankheitsfalle besondere Pflege zuteil werden zu lassen, sollte selbstverständliche Pflicht eines jeden Tierfreundes sein. Einen alten, unheilbar kranken Hund indessen nicht von seinen Leiden zu erlösen, heißt ihn aus menschlicher Schwäche quälen – wobei die Art der Schwäche bei Hundehaltern und manchen Tierärzten durchaus sehr unterschiedlich sein mag.

Wenn ein alt gewordener Cairn nicht friedlich in seiner vertrauten Umgebung sterben kann, weil er durch eine erlösende Spritze vor einem schmerzhaften Dahinsiechen bewahrt werden muß, so ist es sicherlich kein Zeichen von Tierliebe, ihn jetzt beim Tierarzt allein zu lassen: Halten Sie ihn in Ihren Armen, damit er angstfrei die erlösende Injektion bekommen kann, und nutzen Sie so die letzte Möglichkeit, ihrem Hund für seine Treue und Zuneigung zu danken.

Anhang

Anschriften, die Sie kennen sollten

Bundesrepublik Deutschland
Verband für das Deutsche
Hundewesen e. V. (VDH)
Westfalendamm 174
D-44141 Dortmund

Klub für Terrier e. V. von 1894 (KfT)
Postfach 13 28
D-65442 Kelsterbach/Main

Dänemark
Dansk Terrier Klub
Asøvej 20
DK-4171 Glumsø

Luxemburg
Union Cynologique Saint-Hubert
du Grand-Duché de Luxembourg
Rue Huberty 42
L-Luxembourg

Österreich
Österreichischer Kynologen-Verband
(ÖKV)
Joh.-Teufel-Gasse 8
A-1238 Wien

Österreichischer Klub für Terrier
Haymogasse 55/6
A-1238 Wien

Niederlande
Raad van Beheer op Kynologisch
Gebied in Nederland
Postbus 5901
NL-1007 A. X. Amsterdam Z.

Schweiz
Schweizerische Kynologische
Gesellschaft (SKG)
Falkenplatz 11
CH-3012 Bern

Belgien
Club Royal Belge de Terriers
Sekretariat
Chaussée du Clorbus 107
B-7700 Mouscron

F.C.I.
Fédération Cynologique
Internationale
13 Place Albert I
B-6530 Thuin/Belgien

Großbritannien
The Kennel Club
1 Clarges Street, Piccadilly
GB-London W 1

USA
The American Kennel Club
51 Madison Avenue
USA - New York, NY 10010

Die Hauptgeschäftstelle des
Klub für Terrier e. V.
Schöne Aussicht 9
D-65451 Kelsterbach
Tel.: 0 61 07 / 23 65
ist auch Welpenvermittlungsstelle für
die Cairn Terrier.

Interessenten können sich dort nach aktuell gemeldeten Welpen dieser Rasse erkundigen oder das Züchterverzeichnis des KfT für die Cairn Terrier (Züchtertafel der Fachzeitschrift DER TERRIER) anfordern.

Dieses Verzeichnis enthält die Namen, Anschriften und Telefonnummern sowie die Zwingernamen von Züchtern, die den strengen Zuchtbestimmungen dieses VDH-Vereins verpflichtet sind.

Literatur

Aktuelle Spezialliteratur

CASPERSZ, T. W. L.: The Cairn Terrier Handbook. London 1957.

HORNER, TOM: Terriers of the World, London 1984.

Klub für Terrier e.V. (Hrsg.): Der Terrier, Heft 10/80 u. Heft 9/83.

MARVIN, JOHN T.: The Book of all Terriers. New York 1979.

MARVIN, JOHN T.: The Complete Cairn Terrier. New York 1975.

MCCORMACK, ERLISS: How to raise and train a Cairn Terrier. Neptune City 1965.

WHITEHEAD, HECTOR F.: Cairn Terriers. London 1959.

Klassiker

ASH, EDWARD C.: The Cairn Terrier. London 1936.

ASH, EDWARD C.: Dogs, their History and Development. London 1927.

BEYNON, J. W. H.: The Popular Cairn Terrier. London 1947/1950.

HUTCHINSON, WALTER: Hutchinson's Dog Encyclopaedia. London 1935.

HUTTON, H. T.: The True Story of Greyfriar's Bobby. Edinburgh 1902.

JOHNS, ROWLAND: Our Friend the Cairn. London 1932.

LEE, RAWDON: Modern Dogs – The Terriers. London 1894.

LEIGHTON, ROBERT: The New Book of the Dog. London 1907.

ROGERS, BYRON: Cairn and Sealyham Terriers. New York 1922.

ROSS, FLORENCE, M.: The Cairn Terrier. Manchester (1925).

Allgemeine Literatur

BANDEL, ROBERT: Der Hundeaussteller und sein Richter. Schloß Bleckede 1975.

BURNS/FRASER: Die Vererbung des Hundes. Reutlingen 1968.

PALMER, JOAN: Die schönsten Rassehunde in Farbe. 1982.

RÄBER, HANS: Brevier neuzeitlicher Hundezucht. Bern 1974.

RHEENEN, JAN VAN: Das Lexikon für Hundefreunde. Berlin 1969.

STONERIDGE, M. A.: Alles über den Familienhund. Rüschlikon – Zürich 1983.

TRUMLER, EBERHARD: Hunde ernst genommen. München 1974.

VOSS, INA VON/LIPPA, LAZAR VON: Das Kleinhundebuch. 2. Auflage. Hamburg und Berlin 1978.

Weiterführende Literatur aus dem Parey Buchverlag

BEYERSDORF, P., 1993: Dein Hund auf Ausstellungen. 2. Auflage
BURTZIK, P., 1996: Erziehung und Ausbildung des Hundes. 5. Auflage.
FIEDELMEYER, L., 1983: Kauf, Pflege und Fütterung des Hundes. 3. Auflage.
HEGENDORF, 1980: Der Gebrauchshund. Haltung, Ausbildung und Zucht. 14. Auflage
KOBER, U., PEPER, W., 1995: Pareys Hundebuch. 2. Auflage.
POORTVLIET, R., 1987: Mein Hundebuch. 2. Auflage.
QUEDNAU, F., 1987: Rechtskunde für Hundehalter.
SCHMIDTKE, H.-O., 1984: Gesundheitsfibel für Hunde. 2. Auflage.
STEEN, W., 1992: Terrier. 4. Aufl.
WEIDT, H., 1996: Der Hund, mit dem wir leben: Verhalten und Wesen. 3. Auflage.

Bildnachweis

Seiten 2, 18 (u.), 99, 111, 112
REGINE ZWEIG, Zwinger „Snapshot's", Freren

Seiten 9, 10, 12, 13, 14, 17, 18 (o.), 19, 20, 55
Sammlung DR. W. und E. PEPER, Dortmund

Seiten 15, 95
U. und C. SCHMIDT, Zwinger „Muddy waters", Bad Münstereifel

Seite 27
HEIDI BÄUERLE, Ludwigsburg

Seiten 38, 43, 47, 65, 81, 85
Glen Affric Foto Design ERICH BECKMANN, Woltersdorf

Seite 40
MARION CAMINNECI, Zwinger „v. Krummauel"

Seite 44
G. TEIS, Zwinger „of Northtown", Kassel

Seiten 48, 63, 69, 72, 77, 89, 91, 102
G. und K. BOTTENBERG, Zwinger „Mount Button", Rheine

Seiten 51, 57
MEVR. V. ZIJLL DE JONG, Zwinger „of Mondhliath", Dordrecht (Niederlande)

Seite 61
CHRISTEL V. TIEDEMANN, Ludwigshafen

Seiten 64, 79
Pet Pictures M. BERNKOPF, Wien

Seite 71
INGRID LENDZIAN, Cairn- und WHWT-Zwinger „v. Baldcneysee", Essen

Seite 75
LISA HEIN, Zwinger „Allerleirauh", Bissendorf

Seite 83
DR. K. und G. DOLLING, Berlin

Seite 97
K. und R. PIETRUS, Zwinger „v. Schloß Bladenhorst", Castrop-Rauxel

Seite 105
KUHN, Dorsten

Seite 106
SIEGFRIED BEIER, Niederkrüchten

Zeichnungen
KATHARINA BOTTENBERG